Gerhard Gronefeld
Seehunde
Unsere Brüder im Meer

Gerhard Gronefeld

Seehunde
Unsere Brüder im Meer

Stalling

© 1974 Verlag Gerhard Stalling AG, Oldenburg und Hamburg

Bildteil: Gerhard Gronefeld
Schutzumschlag: Edgar Dambacher, Korb b. Waiblingen
Gesamtherstellung: Gerhard Stalling AG, Oldenburg
Printed in Germany. ISBN 3 7979 1940-9

Unsere Brüder im Meer 7
Robert in der Wanne 9
Eine wissenschaftliche Behauptung 13
Heulen hat Zukunft 17
Geglückte Heuleraufzucht 20
Robbenkinder in Not 24
Der folgenschwere Aufruf 34
Mein erster Seehund 38
Zurück in die Freiheit 44
Waidmannsheil! 49
Die Lebenserwartung der Seehunde 58
Hagenbecks sechs Robben 72
Musik-Test mit Seehunden 77
Robbenschläger und Grönlandfahrer 83
Ein Forschungsauftrag 91
Zählflug über dem Watt 95
Keine Robbe ist mehr ohne Gift 116
Qualvoller Tod durch Öl und Parasiten 121
Der Ausreißer 124
Ein Experiment 129
Die zudringliche Kegelrobbe von Travemünde 137
Pelze zum Wegwerfen 149
Gemetzel für den Pelzhandel 158
Seehundsdank! 167
Freund der Riesenrobbe 176
Geburt im Zoo 188
Der Stuttgarter Robbenmensch 199
Silberstreif am Horizont 204
Literatur 206

Unsere Brüder im Meer!

»Nein, das kannst du doch allen Ernstes nicht behaupten! Das geht einfach nicht!« ereiferten sich meine Zoologen-Freunde, als ich sie mit dem Titel dieses Buches konfrontierte.

Jedoch: Der Seehund vor den Küsten steht uns näher, als wir glauben. Ich kann ihn deshalb getrost auch meinen Bruder nennen. Zwar verbindet uns mit Gewißheit keine unmittelbare Verwandschaftslinie, abgesehen davon, daß wir beide Säugetiere und Warmblüter sind und auch wir — wie alles Leben auf diesem Globus — einst aus dem Meere kamen. Unsere Verwandtschaft mit den einheimischen Robben ist jüngsten Datums, sie hat den Charakter einer Notgemeinschaft. Seit einigen Jahrzehnten sitzen wir mit dem Seehund hautnah in derselben unsauberen Badewanne! Unser beider Dasein bedroht der gleiche gefährliche Feind: der Menschheit schmutziger Abraum.

Nur gibt es da im Augenblick noch einen gravierenden Unterschied: Der Seehund erliegt bereits dem Gegner. Wir Menschen aber folgern nichts aus dem unübersehbaren Geschehen, im Gegenteil: Manche unserer Zeitgenossen erheben noch immer die Waffen und schießen den Seehund ab, »um seinen Bestand zu regulieren«.

In jedem Jahr werden mehr und mehr an Gift und Ölpest zugrundegegangene Seehunde ans Gestade gespült. Der Mensch indessen badet sorglos weiter in demselben Meer, aalt sich an den gleichen Stränden. Schwarze Ölflecke auf seiner Haut veranlassen ihn höchstens zu unwirschem Schimpfen. Noch wird er ja nicht an ihnen ernstlich krank, noch stirbt er nicht wie ein Seehund nach dem Genuß von Meeresfisch an Quecksilber, Cadmium, DDT und Dieldrin.

Bruder Seehund aber setzt mit seinem Leiden und Sterben zur gleichen Zeit die letzten Warnzeichen für uns.

»Geht vor unseren Stränden der Seehund zugrunde, kann auch kein Mensch mehr in der Nordsee baden! Dann reichen Gift und Dreck auch bald für uns!« sagte mir Dr. Friedrich Goethe, der Leiter des Instituts für Vogelforschung in Wilhelmshaven.

Der Seehund in der Nordsee ist unserem Wohlbefinden genauso vorgeschaltet wie der Testfisch im Aquarium der städtischen Wasserüberwachung. Kippt der Fisch, lauert im Trinkwasser Lebensgefahr. Das wissen wir heute. Liegt aber ein Seehund vergiftet am Nordseestrand...

Folgerungen und Konsequenzen stehen aus!

Ich kann diese Zeilen hier nicht beenden, ohne in Dankbarkeit und Verehrung des Mannes zu gedenken, der mir vor mehr als zwanzig Jahren den Seehund im wahrsten Sinne des Wortes ans Herz legte: Im Geiste führte der leider viel zu früh verstorbene Tierarzt Dr. Kurt Ehlers, der Leiter der Bremerhavener Tiergrotten, meine Hand. Einem Vermächtnis gleich schrieb er mir in einem seiner letzten Briefe: »Nun, ich glaube, daß Sie mich verstehen. Schreiben Sie, wie Sie denken! Der Seehunde wegen liegt mir daran!«

Dr. Ehlers gab mir erste Anregungen und Einsichten und er teilte mir seine Beobachtungen mit. Sie führte ich auf meine Weise fort und versuchte, sie zu vervollständigen in vertrauensvoller jahrelanger Zusammenarbeit mit Dr. Mariane Reineck (Senckenberg-Institut, Wilhelmshaven), Konrad Lüders (Seewasser-Aquarium, Wilhelmshaven), Dr. Gottfried Vauk (Vogelwarte Helgoland), Dr. Theodor Haltenorth (Bayerische Zoologische Staatssammlung, München), Heinz Scharpf (Wilhelma, Stuttgart) und schließlich und ausschlaggebend mit Professor Dr. Helmut Kraft (Tiermedizinisches Institut der Universität München). Mein Dank gilt ihnen für die stets aufgeschlossene Unterstützung bei meiner Arbeit — genauso aber Hans Behnke, dem Sprecher der Jäger von Schleswig-Holstein, und Marlies Soll von der Seehund-Aufzuchtstation in Büsum.

Robert in der Wanne

Robert lag in der Badewanne, als ich den Pferdestall betrat. Er gab keinen Laut von sich. Bis zu den Flossennägeln konnte ich den Rücken seines sattschwarzen, glänzenden Walzenkörpers sehen, der Kopf nur blieb mir unsichtbar. Robert verbarg ihn unter dem Rand der Wanne. Er hatte dafür einen durchaus verständlichen Grund. Durch das offene kreisrunde Loch des nicht angeschlossenen Überlaufes nämlich war es ihm möglich, einen eintretenden Besucher sofort zu sehen, ohne erst den dicken Kopf mühsam über den hohen Rand hinaufrecken zu müssen. Dieses Loch in der Stirnseite der Badewanne war für Robert geradezu ideal. Es löste durch seine außergewöhnlich praktische Lage auf ganz unkomplizierte Weise ein dringendes Problem: Die möglichst jederzeit zu erhaltene Bequemlichkeit nahtlos mit der Befriedigung permanenter Neugier zu verbinden.

Jenes Loch unterstützte sozusagen Roberts Lebensstil, denn Robert war ein Seehund. Bequemlichkeit an Land und im flachen Wasser ging ihm über alles. Von Rechts wegen gehörte Robert ja in die viel tiefere, kühle Nordsee. Daß er dort nicht frei herumschwamm, ist einer Kette widriger und glücklicher Umstände zugleich zuzuschreiben, von denen noch zu berichten sein wird.

Ich hatte nicht vor, den Kleinen zu erschrecken. Behutsam näherte ich mich daher der Wanne. Robert verhielt sich mucksmäuschenstill. Kein Plätschern kam aus seinem Mini-Meer. Da endlich gab mir der Wannenrand den Blick auf das ganze Tier frei. Stumm blickten wir uns an. Seine Augen, diese dukatengroßen, wundervollen dunklen Knopfaugen, hatten es mir im Nu angetan. Robert faszinierte mich mit seinem fragenden Geschau.

Drei steile weiße Haare an der Nasenwurzel, wenn man so

sagen will, unterstrichen mit ihrer Andeutung als Augenbrauen das Kindliche dieses Gesichts und gaben dem Blick der Augen etwas rührend Hilfloses. Vierunddreißig helle lange Barthaare, je siebzehn rechts und links, sprossen aus der Oberlippe. Im sanften Bogen, stets zum Tasten und Fühlen bereit zur Seite wie nach vorn gestellt, gaben sie dem Kopf in seiner unteren Partie dagegen das Aussehen eines erfahrenen alten Mannes mit Schnauzer. Zwei winzige weiße Härchen oberhalb der Nasenlöcher ließen das Robbenkind keck und fürwitzig wirken. Sein ganzes Kleinkinderhaupt war das personifizierte Idealgebilde jener Rundköpfigkeit, die die Psychologen mit vollem Recht für einen der maßgeblichen Auslöser des menschlichen Pflege- und Streicheltriebes halten. Kein Wunder, daß ich diesem kleinen Wesen in der ersten Sekunde verfiel.

Roberts Anwesenheit in einer Box des Großvieh-Untersuchungsstalles der Münchener Medizinischen Tierklinik diente höheren Zwecken. Zur Untersuchung seines Seehundsblutes rund 1000 Kilometer südlich seines Geburtsortes im deutschen Nordseewatt hatte die Wissenschaft Robert in dieser alten Badewanne einen längeren Aufenthalt angeboten. Ihm konnte er sich — wahrscheinlich zu seinem Leidwesen — nicht entziehen.

Jedoch der Seehund fühlte sich nicht unwohl hier. Um den täglichen Fisch brauchte er sich nicht zu sorgen und außerdem: Hatte er keine Lust mehr, in seiner kleinen Wanne zu plätschern, nahm er einfach unter Wasser einen kurzen Anlauf, schoß mit Schwung über den Wannenrand und landete, daß es nur so platschte, auf einem erhöhten Fliesenpostament. Hier pflegten sonst die angehenden Tiermediziner zu stehen, wenn ihnen der Dozent etwas am lebenden Objekt zu demonstrieren hatte.

Allerdings war Robert kein allzu großer Freund solcher Landausflüge. Es strengte ihn schon recht an, wie eine Spannerraupe durch den Raum zu robben — Aufsteilen und Vorwerfen des Vorderrumpfes, Nachziehen des Hinterleibes. Die hinteren Flossen werden dabei nur so wie ein lästiges Anhängsel mitgeschleppt, als seien sie ein völlig nutzloser Einfall der Natur. Sie vermögen in keiner Weise die Fortbewegung des Seehundes an Land zu unterstützen. Beobachtet man die Tätigkeit der Schwanzflossen dieser Robbenart auf einer Sandbank, erscheint es kaum glaublich, daß die gleichen Gliedmaßen im Wasser leichtbeweglich wie Schiffsschrauben den Seehundskörper zu rasanter Torpedoschnelligkeit antreiben können.

Roberts Vettern, die flinken Seelöwen, haben es dagegen an Land weit besser: Sie ziehen ganz einfach ihre Hinterbeine unter den Körper, stützen sich auf die Hände und watscheln schnell und frisch vierfüßig drauflos.

Robert hatte viel zu schnaufen, begab er sich auf seine Runde durch den leeren Pferdestall: schlürf-platsch, schlürf-platsch ging es ganz langsam und mit Pausen dahin. Bald bot sich auch seiner Neugier nichts Erstrebenswertes mehr. Robert stellte seine Untersuchungen ein. So wurden seine Exkursionen immer kürzer und seltener, und unser Robert in der Wanne, das konnte ja nicht ausbleiben, begann vom Gewicht seines wachsenden Specks geplagt zu werden.

Aber das war ausschließlich seine eigene Schuld. Er hatte es ja einmal hier im Stall viel besser gehabt. Es gab Zeiten, da drehte er in einem sehr geräumigen Plastikbecken seine Runden. Dem aber setzte er leider selbst ein Ende: An einer kleinen Falte im Beckenboden erprobte er seine messerscharfen Zähnchen, und der Erfolg ließ nicht lange auf sich warten. Im Pferdestall gab es eine Überschwemmung, bei Robert trat tiefe Ebbe ein. Im Handumdrehen hatte er sich selbst trockengelegt. Das Becken zu flicken, schien seinem Hausherrn sinnlos. Es stand ja zu erwarten, daß der Kleine dieses Spielchen wiederholte. Der Sperrmüll Münchens lieferte schließlich eine ausgediente, aber dichte Badewanne.

Robert nahm trotz Schonkost täglich zu. Zwangsweise wurde ihm daher Bewegung verordnet. Zweimal am Tage griff sich Roberts wissenschaftlicher Gastgeber seinen Seehund, packte seine Hinterbeine und schon lag der Dicke auf dem festen Element.

Ums Hineinkommen in die Wanne brauchte sich niemand Sorgen zu machen. Das nahm das Robbenkind selbst in die Hand. Es verschmähte dabei allerdings aus unerfindlichen Gründen die breiten Fliesenstufen zum Studentenpostament hinauf, die es zuvor hinuntergerutscht war. Der schlaue Bursche war auf etwas Bequemeres gekommen: Er robbte zwischen Wand und Wanne, klemmte sich zwischen beide, richtete seinen Oberkörper auf und stützte die Vorderpfoten auf den Wannenrand. Dann preßte er mit den Hinterfüßen kräftig gegen die Wand. Er wuchs über sich selbst hinaus. Kopf und Brust bekamen Übergewicht, und Robert rauschte in die Wanne.

Eine wissenschaftliche Behauptung

Zu dem Zeitpunkt, als ich Robert besuchte, war er ein dreiviertel Jahr alt und lag auf Abruf in der Badewanne. Seinen Beitrag zur wissenschaftlichen Arbeit seiner Wirtsleute hatte er geleistet, man war vollauf zufrieden mit ihm. Aber er war ein so lieber Kerl, allen in der Klinik so ans Herz gewachsen, daß man sich nicht von ihm trennen konnte, obwohl sein weiterer Lebensweg schon vorgezeichnet war. Das große Seehundsbecken des Zoos von Tel Aviv wartete auf ihn und einige seiner Artgenossen. Fast zwei Jahre später erst landete er in Israel.

Daß es Robert in die bayerische Landeshauptstadt verschlug, verdankte er drei Dingen: Der Aufstellung einer wissenschaftlichen Behauptung, die der Münchener Tiermediziner Professor Dr. Helmut Kraft bezweifelte, einem kräftigen Zubiß seiner Seehundszähne und grundsätzlich dem Umstand, daß Menschen ihn fanden, als er als Neugeborenes von der Mutter verlassen auf einer Sandbank lag.

Im Band XII, der den Robben der europäischen Gewässer gewidmeten Monographie der Wildsäugetiere, lesen wir:

»Auffallend ist die schwere (oder fehlende?) Gerinnbarkeit des Robbenblutes. Während sonst bei eingegangenen Tieren das Blut recht bald steht und nur noch geringe Blutmengen beim späteren Öffnen des längere Zeit liegenden Kadavers ausfließen, selbst wenn die großen Gefäße angeschnitten werden, gibt die postmortale Öffnung von Robbenkörpern die gleiche Überschwemmung von ungeronnenem Blut, als wenn ein Tier bei der Jagd eine tiefere Verwundung, die durch die Speckschicht hindurchgeht, erfährt.«

Und weiter: ...»Der Hamburger Serologe Dr. C. Riebeling untersuchte Blut von einer frisch eingegangenen Kegelrobbe und einem jungen Seehund. Thrombozyten konnten nicht nachgewiesen werden. Vielleicht ist die Nichtgerinnbarkeit eine physiologische Besonderheit des Robbenblutes. Man findet oft genug Robben mit schweren Narben in der Haut, zum Teil von Brunstkämpfen, von Feinden usw. herrührend, doch läßt sich aus Größe und Umfang der Narbe nicht ohne weiteres auf die Tiefe der ehemaligen Wunde schließen. In den meisten Fällen wird sie nicht durch die Speckschicht, in der nur geringe Kapillaren verlaufen, hindurchgegangen sein, auch bei den heftigen Brunstkämpfen nicht. Für Tiere, denen durch die Speckschicht hindurchgehende Wunden beigebracht werden, besteht anscheinend ohne weiteres die Gefahr des Verblutens, ganz besonders, wenn sie sich im Wasser befinden. Wasser, namentlich Seewasser, verhindert ohnehin schon weitgehend Gerinnungseintritt. Wie und ob eine Robbe Schutzvorrichtungen gegen das Verbluten hat, ist noch unbekannt.«

Soweit das Zitat aus der Monographie. Sie erschien 1952. Einundzwanzig Jahre später, im Juni 1973, veröffentlichte Professor Kraft das Ergebnis seiner Seehundblutuntersuchungen, für die auch »Badewannen-Robert« seinen Zoll über zweieinhalb Jahre lang zweimal in der Woche mit je 5 cm^3 entrichtet hatte. Kraft kommt zu einer ganz anderen Aussage:

»Im Rahmen von Blutuntersuchungen beim europäischen Seehund lag es nahe, auch Untersuchungen über die Gerinnungsphysiologie dieses Meeressäugetieres zu machen. Dies um so mehr, als Dr. Erna Mohr in ihrer Monographie über den europäischen Seehund schreibt, daß diese Robbenart eine sehr schlechte Gerinnung habe und Thrombozyten im Blut nicht zu finden seien. Wie sich schon früher herausstellte, war dies ein Mißverständnis, da diese Beobachtungen ausschließlich an toten Seehunden gemacht worden waren, und Leichenblut gerinnt ja bekanntlich nicht mehr. Außerdem ist es vom Physiologischen her unvorstellbar, daß ein im Salzwasser lebendes Säugetier eine schlecht funktionierende Gerinnung haben soll, da es ja dann bei jeder Verletzung rettungslos verloren wäre. Die Verletzungen aber sind beim Seehund sehr mannigfaltig und in vielen Fällen auch oft sehr schwer. Dies ist besonders bei Brunftkämpfen zu beobachten. Die Heilungstendenz ist im allgemeinen sehr gut. Außerdem hat der europäische Seehund ein stark durchblutetes Unterhautgewebe und die kleinste Verletzung trifft somit ein Blutgefäß. Die Untersuchungen erfolgten alle an jungen Seehunden der Niedersächsischen Nordseeküste, die zum größten Teil in der Heuler-Aufzuchtstation des Seewasser-Aquariums Wilhelmshaven gehalten wurden.«

Professor Kraft schließt seine Veröffentlichung: »Zusammenfassend ist zu sagen, daß die Gerinnungsphysiologie des europäischen Seehundes den Ergebnissen z. B. vom Hund entspricht...« Seehunde verbluten also nicht! Ihr Blut gerinnt wie das eines Dackels.

Der Münchener Tiermediziner führte seine ersten Blutuntersuchungen hinter den Deichen der Jade in der Wilhelmshavener Seehund-Aufzuchtstation durch. »Seehundsmutter« und Forscherin Frau Dr. Mariane Reineck unterstützte ihn dabei.

Robert war zu dieser Zeit noch Gast in Wilhelmshaven und ein recht aufgeschlossenes Seehunds-Findelkind. Er war einer der ersten seines Jahrgangs, der bereits die Zwangsernährung hinter sich hatte und aus freien Stücken ganze Heringe verschluckte. Man mußte sie ihm nur mit der Hand anbieten.

Das versuchte damals auch Professor Kraft, dessen Zeigefinger heute krumm ist. Das Nagelglied steht im rechten Winkel zum Finger. Robert faßte während des Fütterns im hastigen Zupacken nicht nur den Hering, auch der Zeigefinger des Professors geriet ins Sägeband der scharfen Seehundsbackenzähne. Die Sehne wurde gekappt, und alle Chirurgenkünste konnten die Verkrümmung des Fingers nicht aufhalten. Ein blutiger Start! »So recht geeignet für meine Blutuntersuchungen«, kommentierte Kraft den Zwischenfall.

Robert wurde der erklärte Liebling des Tierarztes, und

schon zwei Tage darauf lag der Beißer in einer Transportkiste und ratterte als Expreßgut nach München. Eine kleine Gegenleistung wollte der Forscher haben: In München sollte Robert ihm mehr Blut geben, als ihn der Biß des Seehundes in Wilhelmshaven gekostet hatte. Die junge Robbe gewöhnte sich ohne Schwierigkeiten und sehr rasch an die neue Umgebung. Sie begann, auf Zuruf zu reagieren, den Namen Robert auf sich und bevorstehenden Heringsschmaus zu beziehen und ihrem Herrn und Meister zu folgen, wo es sich nur machen ließ.

Beugte sich Kraft über Plastikbecken oder Badewanne, begann Robert den Menschenkopf zu beschnuppern und mit den Kopfhaaren zu spielen. Nur eines mochte er gar nicht: Sich streicheln lassen. Kam man nur mit seiner Hand in die Nähe des Felles, schon prustete er drohend und versuchte zu schnappen. Aber das war keine Marotte von Robert: Gegen menschliches Streicheln sind Seehunde allergisch — im Gegensatz zu allen anderen Säugetieren. Selbst Delphine lassen sich gern von Menschen kraulen.

Mußte Professor Kraft in der ersten Zeit seinen Liebling noch aus dem Wasser am Schlafittchen heben und ihn wie einen jungen Hund zum Behandlungstisch tragen, genügte es bald, wenn er nur »Robert! Robert! komm!« rief. Schon schwang sich Robert aus dem nassen Element und robbte von allein zur Blutentnahme.

Mit ihm bewiesen nach und nach zwanzig andere Seehunde in München und in Wilhelmshaven, daß sie genügend Thrombozyten, jene zur Gerinnung so notwendigen Blutplättchen, in ihrem Robbenblute schwimmen hatten. Es waren im Schnitt 230 000 pro mm^3. Um diese ungeheuer anmutende Zahl in eine Relation zu stellen, sei erwähnt, daß zur Gerinnung gesunden menschlichen Blutes 300 000 bis 700 000 Thrombozyten pro mm^3 zur Verfügung stehen.

Heulen hat Zukunft

Solange ich bei Robert an der Wanne stand, hörte ich außer den schnaufenden Atemgeräuschen und leisem Plätschern, wenn er seine Stellung veränderte, keinen Laut von ihm. Genauso geht es dem Zoobesucher. Und stünde er stundenlang am Seehundsbecken, er vernähme kein Sterbenswörtchen von den Tieren.

Dr. Kurt Ehlers, der verstorbene Direktor der Bremerhavener Tiergrotten, ein engagierter Freund aller Seehunde und Robben, berichtete mir: Seine Seehunde brächten selbst unter massivem seelischen Druck keinen Ton heraus. Sogar beim Knattern der Raketen und Krachen der Kanonenschläge eines nächtlichen Feuerwerks, wo ihnen die schreiende Angst in den großen Augen steht, blieben die Tiere stumm. Auch die Münchener Seehunde boten Beweis dafür an. Professor Kraft hatte in den Jahren 1964 bis 1968 zeitweise vier Robben zugleich in seinem Pferdestall. Nahm er sie aus den Wannen, äußerte sich zu dieser Prozedur keines der Tiere. Auch dann, wenn man sie festhielt, um die Vene — wie beim Menschen während einer Senkungs-Blutabnahme — durch einen Gummischlauch an der Vorderflosse zu stauen, wehrten sie sich nicht mit Lauten. Selbst auf den Einstich der Spritze, die ihnen 5 cm^3 ihres Lebenssaftes entzog, reagierten sie mit keinem Muck.

Als Beobachter solchen Geschehens könnte man wirklich glauben, Seehunde seien stumm.

Jedoch Robert und alle seine Artgenossen, denen wir in der Gefangenschaft begegnen, heulten einst zum Steinerweichen. Man konnte es kilometerweit vernehmen, wenn Wind und Wellen es zuließen. Das Heulen war ihre Lebensrettung in vielen Fällen. Hätten die Seehundbabys von Wilhelmshaven damals auf den Bänken nicht so jämmerlich geschrien, sie wären elend zugrunde gegangen und verhungert.

Robert war nicht nur junger Seehund, er war ein echter Heuler. Jeder Badegast rund um die Nordsee von Großbritannien bis Norwegen, von Holland bis nach Dänemark weiß heute, was ein Heuler ist. Für Küstenfremde ist diese Kenntnis verhältnismäßig jung, vielleicht so an die dreißig Jahre alt. Indessen ist der Heuler keine Erfindung der modernen Tierverhaltensforschung. Ihn gibt es schon solange, wie Seehunde auf unserem Globus existieren. Nur hat seit kurzem erst die Wissenschaft begonnen, sich ganz speziell des Heulers anzunehmen. Über ihn will man an den Seehund herankommen. Obwohl er seit Jahrtausenden vor unserer Haustür liegt, weiß man erschreckend wenig über ihn.

Die Wurzeln der gerade erst begonnenen »Seehund-Forschung« liegen einerseits ganz einwandfrei im Mitleid, zum anderen darin, daß wir uns beeilen müssen, wollen wir über den Seehund noch etwas in Erfahrung bringen. Wir befinden uns nämlich auf dem besten Wege, diese Tierart auszurotten.

Wohl selten findet man eine so innige Verbindung zwischen dem »Sentiment« und der harten, nur auf Tatsachen beruhenden wissenschaftlichen Erkundung wie bei diesem Forschungsvorhaben. Noch ausnahmslos bis in das erste Drittel unseres Jahrhunderts und weniger werdend noch bis in unsere Tage hinein schrie sich ein Heuler in den Tod. Starb er nicht Hungers, erschlugen ihn mit einem Knüppel die aufmerksam gewordenen Bewohner der Küsten und der Inseln als leichte Beute. Heute ist das zwar vor Deutschlands Küsten streng verboten, aber: Leber, Tran und Fleisch sind genießbar, das Fell ist gut zu gebrauchen. Und außerdem wiegt schon ein solches Seehundskind bei seiner Geburt 30 bis 40 Pfund, und es hat über die gute Hälfte der Länge seiner Mutter.

Sicher gab es schon in alten Zeiten mitleidige Fischer, die einen Heuler mit nach Hause nahmen. Ihre Frauen und Kinder erlagen genauso dem gramvollen Schmelz der runden

Seehundsbaby-Augen und versuchten, das vor Hunger klagende Tierchen aufzuziehen. Doch schafften sie es fast nie, weil sie einmal nicht wissen konnten, was so ein Robbensäugling wirklich braucht, und weil sich zum anderen der kleine Pflegling gegen jede Nahrungsaufnahme sträubte. In den Armen der Menschen wurde er weniger und weniger. Er war dabei, sich rettungslos in den Tod zu hungern. Bei so offensichtlich mißlingender Aufzucht erschien dann selbst Gutwilligen der Schlag mit dem Knüppel immer noch humaner als das qualvoll langsame Dahinsiechen.

Aber die Zeit für die Rettung der liebenswürdigen Seehundswelpen reifte heran. Die immer mehr wachsende Zahl der Badegäste an der deutschen Nordsee war es schließlich, die eine Entwicklung zugunsten der Heuler einleitete. Zu viele der Erholung suchenden Städter nämlich erlebten in ihren Ferien ohne tiefere Kenntnis der Zusammenhänge mit, wie kläglich schreiende, zutrauliche Robbenkinder verhungerten oder durch den Knüppel den Tod fanden. Tierschutzvereine empörten sich, sie wandten sich an die zuständigen Jagdbehörden, sie forderten Abhilfe. Das war aber mal wieder viel leichter gesagt als getan, denn auf das Seehundbaby wartete ja damals so oder so der Tod, ob nun durch den Knüppel, durch eine mitleidige Kugel oder den Hunger, ganz zu schweigen von der Jagd auf das »Hochwild« des Meeres.

Es gab noch kein Rezept für Seehundbaby-Nahrung.

Jedoch hatte sich die Situation für die Rettung der Heuler insofern bereits verbessert, da es einige Forschungsinstitute an der Küste gab, die sich mit dem Aufzuchtproblem zu befassen begannen. Diese Bemühungen blieben nicht unbekannt. Fanden jetzt Badegäste bei Ebbe Heuler auf den Bänken, machten sie sich auf, um ihren Fund bei den Zoologen und Wissenschaftlern abzugeben. Auch mehrte sich mit der Zeit die Zahl der Fischer, die ihre Heuler in Bremerhaven, Wilhelmshaven oder Büsum ablieferten. Das war besonders lobenswert, da ja der Fischer im Seehund seinen ärgsten Konkurrenten sieht.

Geglückte Heuleraufzucht

Aber auch den Forschern gingen trotz aufopfernder Pflege noch bis vor wenigen Jahren neun von zehn der Seehundsäuglinge ein. Zwanzig Jahre lang, zwischen 1940 und 1960, suchte man nach der Wundernahrung, die der Seehundsmilch vollgütiger Ersatz sein konnte. Heute, nachdem Mariane Reineck in Wilhelmshaven und Kurt Ehlers in Bremerhaven das Rezept gefunden haben, mutet es fast kurios an, daß man dazu Jahrzehnte brauchte.

Meldungen über eine geglückte Heuleraufzucht gab es bis zu den dreißiger Jahren unseres Jahrhunderts nur ganz wenige.

Seit 1933 züchtet man in den »Tiergrotten« Bremerhavens Seehunde. Immer wieder aber stand man vor den immensen Schwierigkeiten, gefangenschaftsgeborene Robben über die Krise der Nahrungsumstellung zu bringen. Freiwillig wollte damals keiner der Ex-Säuglinge nach dem natürlichen Versiegen der Muttermilchquelle auf tote Fische umsteigen. So mancher kleine Seehund blieb trotz aller Bemühungen der Zoomenschen dabei auf der Strecke. Überlebte einmal ein Welpe, war es reiner Zufall. Aufgrund welcher Tatsachen gerade dieser Seehund überlebte, war seinen Betreuern genauso unklar wie die Todesursachen der Robbenbabys vor und nach ihm. Auch Sezierungen brachten keine grundsätzlichen Aufschlüsse.

Heute, vierzig Jahre später, schüttelt Heinz Scharpf, der Robbenspezialist der Stuttgarter »Wilhelma«, nur seinen Kopf. Er kann die Schwierigkeiten von einst nicht mehr begreifen. »Ich machte mir meine Gedanken über die Nahrungssuche der Seehunde, über ihre Jagd nach der Beute in der freien Wildbahn und über die Reaktionen ihrer Beutetiere, der Fische.« Und dabei hatte Heinz Scharpf eine so simpel erscheinende Erleuchtung, daß man sich nur immer wieder wundern muß, daß vor ihm keiner darauf kam.

Seit 1958 besitzen die Stuttgarter ein von Frau Dr. Reineck in Wilhelmshaven aufgezogenes Paar ehemaliger Heuler. Zehn Jahre später brachte es sein erstes Junges im Zoo zur Welt. Inzwischen ist das vierte Seehundbaby in den darauffolgenden fünf Jahren zur Welt gekommen. Bei Geburt und mütterlicher Aufzucht zeigten die Tiere ein normales Verhalten, ja sie hatten sogar die Geburtstermine der freien Wildbahn mit einer Pünktlichkeit eingehalten, die frappiert: Die ersten drei Jungtiere wurden alle an einem 26. Juni geboren. Nur als Heinz Scharpf sich beim vierten mit der Kamera auf Anstand an den Beckenrand begab, um die Geburt von A bis Z zu fotografieren, ließ ihn die werdende Seehundmutter aufsitzen. Als sich auch in den nächsten drei Tagen nichts rührte, gab der Robbenpfleger auf: »Ich nahm an, daß ich mich doch über die Trächtigkeit der Hündin getäuscht haben muß.«

Kaum aber war der Beobachtungsplatz am Beckenrand unbesetzt, wurde am 30. Juni das Junge zur Welt gebracht. Nachgeburt und abgestoßener Babypelz zeigten Heinz Scharpf, was sich in seiner Abwesenheit zugetragen hatte. Die Mutter drehte mit ihrem Jungen schon die Runde. Für Scharpf steht nach diesem Erlebnis fest: Seehundmütter können die Geburt aufhalten, den Zeitpunkt selbst bestimmen. Da Seehundsgeburten stets an Land erfolgen, dafür aber nur die sechs Stunden der Ebbe — vermutlich sogar nur die Tagesebbe — zur Verfügung stehen, muß ein solch regulierender und vom Muttertier selbst auszulösender Faktor im Verhalten existieren.

Viermal hatte man in der »Wilhelma« die Krisenzeit der Nahrungsumstellung von der Muttermilch auf toten Hering bei den jungen Seehunden problemlos überstanden. Wie konnte das so ohne jede Schwierigkeit weit ab von der deutschen Nordsee vor sich gehen? Heinz Scharpfs Antwort klang so einfach:

»Sind meine Seehunde zwei Wochen alt und noch reine Säuglinge, füttere ich das Muttertier so satt, daß es keine Bröckchen mehr mag. Dann werfe ich eine Menge kleingeschnittener Fische ins Wasser. Mit diesem Überangebot provoziere ich den Jungseehund. Ich mache ihn noch neugieriger als er schon von Geburt an ist, rege seinen unbändigen Spieltrieb an. Die Fischteilchen liegen alle am Boden des Beckens. Mit seinen langen Baarthaaren tastet er sie ab, das ist ihm angeboren, das tun seine Eltern auch, wenn sie auf der Jagd nach Futtertieren sind.

Mit ihren Barthaaren am Grund langstreifend jagen sie die im Sand vergrabenen Buttfische aus ihren Verstecken und packen zu. Bald stupst der junge Seehund die Heringsteilchen mit der Nase vor sich her, wirbelt sie hoch, schießt ihnen nach. Mit einem Satz: er beginnt mit ihnen zu spielen. Dabei nimmt er hier und da ein Stückchen in seinen Mund, kaut darauf rum, spuckt es wieder aus. Er braucht es ja noch nicht als Nahrung, er ist zu dieser Zeit noch ein reines Milchkind.

Interessant ist dabei immer wieder, daß sämtliche Jungtiere zuerst nach den Schwanzstücken schnappen. Erst wunderte ich mich darüber, denn an ihnen ist doch gar nicht soviel dran wie an den Bauch- oder Kopfstücken. Dann aber dämmerte es mir. Ich stellte mir vor, wie ein Seehund seiner Beute nachjagt, immer den Schwanz des Fisches vor seinen Augen. Das typische Bild der Schwanzflosse löst den Fangtrieb automatisch aus, der Biß nach dem Fischschwanz ist angeboren, vor allem, wenn dieser sich bewegt. Für den Kopf der Beute interessieren sich meine Jungseehunde kaum, dieser Teil des Fisches scheint für ihr Verhalten keinen Reiz zu bieten. Welcher Hering schwimmt auch schon kopfvoraus in den offenen Rachen seines Jägers?«

Wenn die Muttermilch zu versiegen beginnt, so nach fünf bis sechs Wochen, nehmen Scharpfs Seehundskinder ihren ersten Fisch ohne Murren und Verweigern aus seiner Hand. Unabdingbare Voraussetzung dafür ist allerdings: Das erste Angebot hat schwanzvoraus zu erfolgen! Das macht Heinz

Scharpf ein halbes Jahr lang so. Erst nach dieser Frist dreht der Stuttgarter Robbenspezialist den Hering um, füttert kopfvoraus und ohne jede Schwierigkeit.

»Warum dann, in aller Welt, füttert man überall erwachsene Robben ›kopfvoraus‹, wenn sie es bei der Selbstversorgung in Freiheit doch nur umgekehrt kennen?« das leuchtete mir nicht ein. »Ja«, lachte Heinz, »da gibt's noch einen Robbentrick: Im Gaumen dreht der Seehund die Beute zwischen seinen Kiefern mit der Zunge um. Dann geht's ganz von allein. In ihrer Stromlinienform und nicht gegen den Schuppenstrich gleiten die Fische kopfvoran leicht in den Robbenschlund und können glatt abgeschluckt werden. Geschehe es umgekehrt, die sperrigen Schwanzflossen würden sich biegen, im Rachen querstellen, die Schuppen sich spreizen und die Seehunde sich verschlucken. Ich kann mir kaum denken, daß eine Robbe im Meer ihre Beute ›schwanzvoran‹ hinunterwürgt. Aber, wer hat schon mal einem freilebenden Seehund bei der Jagd in die Schnauze gesehen? Die wedelnde Schwanzflosse des Fisches ist sicher nur das den Fang auslösende Beuteschema . . .«

Robbenkinder in Not

Haben Seehundbabys Hunger, schreien sie unüberhörbar nach ihrer Mutter. Das ist nicht anders als bei unseren Menschenkindern, und jeder weiß, was dabei die Lungen hungriger Säuglinge herzugeben vermögen. Lassen wir unsere Kinder ein Weilchen unversorgt, sind sie imstande, die Lautstärke ihrer Stimmchen gewaltig zu steigern. Nachbarn können dann Lieder davon singen. Unversorgte Seehundskinder melden sich auf gleiche Weise, ihr Schreien nur gleicht Heulen. Meilenweit kann man sie hören über Bänke und Sände, wenn sie nach der Mutter rufen, oft über Tage und Nächte. Wie aber kann es geschehen, daß ein junger Seehund unablässig heult, das Muttertier auf sein Rufen nicht reagiert?

Auf diese Frage gibt es eine ganze Reihe von Antworten. Verschiedenste Ursachen können einen Seehundssäugling zum ›Heuler‹ werden lassen. Dr. Kurt Ehlers definiert den Begriff:

»Ein Heuler ist ein Robbensäugling, dessen Mutter verlorenging. In unserem Falle eine Seehundswaise. Ohne Mutter kann er keine Muttermilch aufnehmen. So heult er vor Hunger, wird schwach und muß schließlich sterben.«

Seinen Namen, der an der Küste auch ›Huuler‹ ausgesprochen wird, hat das bejammernswerte Tierkind von seinem Klagelaut, mit dem es die ganze Qual seines Hungers und seiner Verlassenheit über Watt und Priele hinausschreit: »Wuuu-wuuuh-huuuwuuhuu«. Wer diesen Urruf um Hilfe nur einmal in seinem Leben hörte, wird ihn nie vergessen. Er zwingt jeden Menschen, dessen Herz für die Tiere schlägt, sich aufzumachen, um das hilflose Wesen zu retten.

Warum aber kommt seine eigene Mutter nicht? Sie müßte doch das Klagen ihres Kindes viel besser hören und verstehen als wir Menschen!

Das Alleingelassenwerden kann die verschiedensten Gründe haben. Regelmäßig nach schweren Nordweststürmen zur Setzzeit im Juni und Juli findet man die meisten Heuler. Die gewaltige Kraft meterhoher Wogen und tosender Brecher trennt räumlich und akustisch die Mutter von dem Neugeborenen. Es hat zwar schon in den ersten sechs Stunden seines Lebens schwimmen gelernt, den Umgang mit dem Meer aber hat es noch lange nicht im Griff. Im rauschenden Sog ist der Säugling ein Spielball der Strömungen. Verebbt schließlich die stürmische Flut, findet er sich verlassen auf irgendeiner Sandbank wieder. In den seltensten Fällen ist es der Ort, an dem er das Licht der Welt erblickte. Das Junge schreit nach der Mutter. Noch ist es nicht der Hunger, der es dazu treibt, die Verlassenheit läßt es laut klagen. Ein Weilchen reicht noch die Erstausstattung aus dem Mutterleib, die Reserven an Fett und Energien. Findet es die Mutter in dieser Zeit, ist alles wieder schnell vergessen. Meint es das Schicksal aber anders mit dem Kleinen, verglimmt sein Lebenslichtlein spätestens nach vierzehn Tagen. Es sei denn, die Rettung naht in Menschengestalt.

Doch Sturm allein kann nicht der einzige Grund für das Entstehen eines Heulers sein. Auch ruhigste Wetterperioden und schönster Sonnenschein haben ihre Heuler. Vielleicht war hier oder da ein Muttertier zu schwach oder gar krank, und es gab keine Milch, das Baby zu ernähren. Vielleicht aber auch erlitt die Mutter bei der Geburt Komplikationen und ging ein. Auch das immer häufigere Durchrasen der stillen Priele an den Wurfplätzen mit schnellen Motorflitzern und Störungen durch waghalsige Wattwanderer können Seehundkinder sehr schnell zu Heulern werden lassen. Die erschreckten Seehundsmütter ergreifen die Flucht und kümmern sich in ihrer panischen Angst nicht um ihr Neugeborenes. Und da das Kleine Fluchtverhalten erst noch lernen muß, bleibt es ganz ruhig liegen und folgt der Mutter nicht. Getraut sich die verängstigte Mutter nicht zurück, beginnt der Säugling bald nach ihr zu rufen.

Auch Zwillingsgeburten können die Ursache für Heuler sein. Zwar wird in der Regel von Seehunden nur ein einziges Junge geworfen, aber es gibt auch Beweise für Zwillingsgeburten. Manche Experten meinen, ihr Hundertsatz läge sogar bei zehn, aber das scheint nach den neuesten Beobachtungen zu hoch gegriffen. Immerhin steht fest: Seehundsmütter können Zwillingen das Leben schenken. Nur vermag die eine Mutter nicht für zwei Kinder zu sorgen und sie zusammen aufzuziehen. Eine Seehundsmutter kann sich nicht teilen. Ihr ist angeboren, übersorgfältig und genau ihren Säugling zu betreuen. Für einen zweiten ist da keine Zeit mehr, und kommen Schlechtwetter und Sturm, kann sie sich nur um eines ihrer Kinder kümmern. Das zweite kommt ab, es wird zum Heuler.

Dr. Kurt Ehlers erzählte mir in Bremerhaven von den interessanten Erfahrungen, die sein Vorgänger, Direktor Junker, bei Seehunds-Zwillingsgeburten gemacht hatte: »Es war im ersten Kriegsjahr (1940), als in den Tiergrotten im Seehundsbecken Zwillinge zur Welt kamen. Schon am ersten und auch am zweiten Tag war deutlich zu beobachten, wie das eine Junge von der Mutter intensiv betreut wurde, das andere dagegen völlig verlassen im Wasser umherschwamm. Es ging sogar soweit, daß das Kleine, versuchte es bei der Mutter Kontakt zu nehmen, von ihr mit einer kurzen Kopfdrehung abgebissen und durch einen bösen, knurrenden Beller bedroht wurde.

Die Tiergrotten hatten in diesem Jahr Kinderglück bei ihren Seehunden. Im gleichen Becken war drei Tage zuvor schon ein Seehundbaby zur Welt gekommen. Bald schwamm nun der verstoßene Zwilling zu der fremden, bald zu der eigenen Mutter. Keine von beiden aber nahm Anteil an ihm. Heulend schwamm er hin und her, ohne daß jemand auf ihn hörte. Nur wenn er ermattet einschlief, wurde es still auf der Seehundsplate. Von den anderen beiden betreuten Säuglingen hörte man kaum etwas.

Am dritten Tage trat plötzlich eine interessante Wendung

ein: Direktor Junker traute seinen Augen kaum, als er an diesem Tag frühmorgens ans Becken trat und den kleinen Verstoßenen an seiner Mutter trinkend fand. Hatte sie sich über Nacht eines Besseren besonnen? Da war der Kleine fertig mit der Mahlzeit, tauchte ins Wasser und... nun verschlug es dem Direktor die Sprache: Schnurstracks schwamm das raffinierte Kind zu der anderen Mama und machte sich bei ihr ans Trinken. Da sah aber der Beobachter, daß diese Mutter, der der zweite Besuch des Säuglings galt, die echte Zwillingsmutter war. Der kleine Heuler war gerettet. Von nun an durfte er beiden Müttern seine Aufwartung machen, ohne von ihnen abgebissen zu werden. Eines aber unterschied den zweiten Zwilling von den beiden anderen Kindern: Von keiner der Mütter wurde er liebkost oder mit dem ›Nasenkuß‹ begrüßt. Er war geduldet, aber nicht geliebt.«

In der freien Wildbahn dürfte die Aufzucht von Zwillingen durch eine Seehundsmutter unmöglich sein, da sie, wie man beobachten konnte, stets bestrebt ist, dem Jungen zu folgen und auf das in Neugier davonstrebende Kind zu achten. Da nicht das Kind der Mutter nachläuft wie bei anderen Säugetieren, sondern bei Seehunden genau das Umgekehrte üblich ist, vermag die Mutter nur einem ihrer Sprößlinge zu folgen. In seinem Drang nach Selbständigkeit kommt der andere ab, und der unwiderstehliche Sog des Gezeitenstroms trennt die kleine Familie auf Nimmerwiedersehen.

Dr. Kurt Ehlers meint, daß nach den Beobachtungen seines Vorgängers, die er aus seinen Erfahrungen nur bestätigen kann, der erste Lebenstag das Schicksal eines Seehundes entscheidet. Wer von den Robbenkindern nicht sofort von der Mutter in Obhut genommen und betreut wird, ist ein Todeskandidat. Immer suchend und ziellos treibt er umher und heult sein Elend in die Welt hinaus. Hat er Glück, wird er weitab von seinem Geburtsort von Menschen aufgefunden. Besitzt er dann noch genug Reserven, kann er gerettet werden.

Jäger haben über »Heuler« und ihre Entstehung eigene

Ansichten. Sie meinen, man müsse da ganz scharf zwischen »echten« und »falschen« oder »gemachten« Heulern unterscheiden. Ein »falscher« wäre das von seiner Mutter nur »abgelegte« Kleine, das nach ihr ruft, solange sie im Wasser auf Nahrungssuche ist. Die Robbe hätte ihr Junges genauso abgelegt wie eine Ricke ihr Kitz im Kornfeld. Das Rufen eines solchen Seehundbabys nach der Mutter wäre also niemals das Klagen eines »echten« Heulers. Weil man aber das — und besonders des Seehundes unkundige Badegäste — nicht so ohne weiteres unterscheiden könne, solle man gefälligst seine Hände von den Heulern lassen, die Mutter werde sie schon holen.

In dem Sommer, in dem die Jägerschaft mit ihrer Ansicht durchdringen konnte, wurden Plakate in den Badeorten der Nordseeküste angeschlagen, die davor warnten, Heuler aufzunehmen. Man solle die jungen Seehunde liegenlassen, wo man sie antreffe. Der Aufruf war unterzeichnet von den Jagdverbänden, von den Tierschutzvereinen und der Schutzgemeinschaft »Deutsches Wild«. So mußte wohl, sagte sich der tierliebe Leser, der Inhalt stimmen und authentisch sein.

»Wattwanderer! Wenn ihr am Strand einen jungen, dem Anschein nach hilflosen Seehund, oft ›Heuler‹ genannt, findet, laßt ihn in Ruhe! Die Mutter hat ihn nur bis zur Flut abgelegt; sie befindet sich im Wasser auf Nahrungssuche. Erst wenn ihr den jungen Seehund verschleppt, wird er zum bedauernswerten Heuler.

Also: Nur beobachten — nicht anfassen!

Sagt euren Kindern: Hände weg von jungen Seehunden!«

Die Badegäste bewiesen diesem Aufruf gegenüber verständnisvollstes Wohlverhalten und hielten sich an ihn. Die Aufzuchtstationen allerdings konnten in dieser Saison die wenigsten Heuler durchbringen. Der Grund: Die Tiere wurden ihnen viel zu spät gebracht, nämlich erst dann, als sich die Kleinen die Seele aus dem Leib geschrien hatten und die bei der Geburt mitgelieferten Nahrungsreserven so aufgezehrt waren, daß der Magen auch die Zwangskost nicht mehr annehmen konnte. Entschlossen sich dann doch noch Beherzte, trotz des Aufrufes »Hände weg von jungen Seehunden!« die Tiere aufzunehmen und bei einer Heuler-Station abzugeben, brachten sie mit nur ganz wenigen Ausnahmen Todeskandidaten in die Institute.

Damals berichtete mir Frau Dr. Reineck: »Fast zwei Tage lang lag so ein armes Tier nicht weit von Wilhelmshaven auf dem Wege nach Minsen am Geniusstrand und heulte zum Steinerweichen. Niemand getraute sich, dem Tier zu helfen und es zu uns zu bringen. Alle dachten an den Aufruf der Jägerschaft und meinten: Irgendwann wird ja das Muttertier von der Nahrungssuche zurückkehren und sein abgelegtes Kind wieder zu sich nehmen. Nichts aber rührte sich vor dem Strand, die Fluten kamen und gingen, und kein Muttertier erschien. Schließlich alarmierte man die Polizei. Als mir dann die Funkstreife mit Martinshorn und Blaulicht den kleinen Wicht in die Aufzuchtstation brachte, war aller Einsatz zu spät. Der arme kleine Heuler war nicht einmal mehr imstande, die Zwangsnahrung aufzunehmen. Entkräftet starb er am nächsten Morgen.«

Dieser Vorfall sprach sich damals mit Windeseile im ganzen Küstenstrich herum, erregte die Gemüter für und wider, hitzige Diskussionen flammten auf. Konrad Lüders, der »Urvater« aller Wilhelmshavener Heuler und Leiter des Seewasseraquariums am Jadestrand, stieg auf die Barrikade. Er hatte auch allen Grund dazu. Er war es nämlich, der seit Beginn der fünfziger Jahre trotz aller Mißerfolge immer wieder den Versuch unternahm, am Rande seines Seeaquariums auf einem Hügel weißen Seesandes die aufgelesenen Seehundwaisen am Leben zu erhalten.

Lüders konnte sich bei seinen Experimenten auf keinerlei Erfahrungen anderer stützen. Es blieb ihm keine andere Möglichkeit, als alles selbst auszuprobieren. Die meisten seiner Tiere blieben damals auf der Strecke. Es war nicht allein die unrichtige Zusammensetzung der Nahrung, die man in die das Futter verweigernden Seehundbabys hineinstopfte, auch das fehlende Angebot ausreichenden Badens in kühlem Wasser tat das seinige. Viele der Jungseehunde gingen an Hitzestau ein. Konrad Lüders und seine Helfer wollten oft verzweifelt aufgeben. Wo immer auch eine Aufzucht geglückt war, Lüders nahm sofort mit den Menschen Kontakt auf.

In den Vor- und ersten Nachkriegsjahren gelang nur in Einzelfällen hier und dort mal eine Aufzucht. Daß die dabei angewandten Methoden nicht wiederholbar waren, merkte Lüders nur allzu rasch. Ende der dreißiger Jahre zum Beispiel war bekannt geworden, daß es einer Lehrersfrau an der holsteinischen Küste gelungen sei, einen Heuler durchzubringen. Wie sie es geschafft hatte, erregte Aufsehen, denn ihre Methode war einmalig. Die Frau bemerkte, daß der kleine Seehund, lag er auf ihrem Schoße, stets versuchte, in ihrer Ellbogenbeuge zu nuckeln. Kurzentschlossen bereitete sie ein Gemisch aus Kuhmilch und kleingeschnittenem Hering, strich es in ihre nackte Armbeuge, und der Erfolg ließ nicht lange auf sich warten: Der Säugling saugte alles auf. Diesen Vorgang wiederholte die Frau solange, bis der Kleine satt war, ein paar Mal am Tage. Die rauhe Seehundzunge aber rieb die dünne Menschenhaut am Arm bald wund. Auf dem rohen Fleisch brannte das Salz der Heringslake wie Feuer. Trotz ihrer großen Schmerzen gab die Lehrersfrau nicht auf. Es gelang ihr, den Seehund am Leben zu erhalten.

Diese Geschichte ist verbürgt. Sie stellt die erste Nachricht von einer gelungenen Heuler-Aufzucht dar, sie ging durch die gesamte Presse. Anderen, die diese Methode nachahmten, war allerdings kein Erfolg beschieden. Hermann Junker, Direktor der »Tiergrotten« in Bremerhaven und Vorgänger von Dr. Kurt Ehlers, machte den gleichen Versuch an mehreren Tieren. Leider schlug sein Bemühen fehl.

Doch die Lehrersfrau hatte das Startsignal für weitere Aufzuchtversuche gegeben, denn hilflose Heuler gab es in jedem Jahr. Wie Konrad Lüders sammelte auch Dr. Kurt Ehlers jede Nachricht von einer Heuler-Rettung, sie waren alle originell und seltsam zugleich, oft nicht ohne Komik:

Auf Borkum zogen Herr Egon Tjaden und seine Kollegen einen Heuler auf ihre Weise auf. Sie machten es sich zunutze, daß der Heuler immer an ihren Badehosen saugte. Die Herren waren nämlich Bademeister. So ließen sie ihr Milchgemisch langsam in die Badehose sickern und schoben nach Tagen allmählich von der Seite her den Sauger der Flasche mit ins Maul. Daneben gaben sie kleine Seezungen. Auch schwammen sie täglich mit ihm in der Nordsee, wo der kleine Kerl, sobald er müde wurde, sich auf den Rücken seiner menschlichen Freunde festkrallte — ganz wie es Junghunde in der Natur bei ihrer Mutter machen — und tragen ließ.

Nachweisliche Aufzuchterfolge hatte ein Ehepaar De Haen auf der Insel Texel in Holland. Es zog den Heuler »Phoca« auf und andere. Leider konnten hier weder über die Nahrung, noch über die Methode der Fütterung Mitteilungen in Erfahrung gebracht werden.

Der langjährige Leiter der Tierparkstation in Cuxhaven, Herr Alwin Brand, hatte Dr. Ehlers von seiner Methode berichtet, mit der es ihm gelungen war, wiederholt Heuler aufzuziehen: Er tauchte Fischstückchen in Tran und gab sie den Heulern gewaltsam.

Sogar aus England liegt eine Meldung vor: Auf einer der dem Norden Schottlands vorgelagerten Inseln zog eine junge Frau eine Robbe mit der Flasche auf. In ihr hatte sie Milch und Öl gemischt. Die Robbe wurde groß und soll ein Gewicht von 150 kg erreicht haben. Ein paar Angaben runden das Aufzuchtsbild zwar etwas ab, geben aber auch keine grundsätzlichen Hinweise: Zum Teil benutzte die Engländerin zur Milchbeigabe aus Sardinendosen stammendes Öl. Auch soll der Heuler, als er schon größer war, aus einer Schüssel Hundekuchen geschlabbert haben, die im Milch-Öl-Gemisch aufgeweicht waren.

Eines schien zu diesen Zeiten damals schon allen klar geworden zu sein: Seehundsmuttermilch muß ungewöhnlich fetthaltig sein. Daß sie aber sogar 43 % Fettanteile besitzt, weiß man erst seit wenigen Jahren. Vergegenwärtigt man

sich, daß die Analyse unserer Kuhmilch ganze 2,8 bis 4,5 %
Fettbestandteile in ihr feststellt und im frischen Hering
7,63 %, kann man sich unschwer vorstellen, daß beides zusammengemixt nie die Nährkraft der Milch einer Seehundsmutter erreichen kann.

Jahrelang probierte man hin und her, in Wilhelmshaven Mariane Reineck im Auftrag von Konrad Lüders, in Bremerhaven Kurt Ehlers. Dann gelang 1959 in den »Tiergrotten« ein Massenerfolg: Von zehn Heulern kamen sechs durch. Dr. Ehlers hatte sie erstmalig vom ersten Tage an mit Heringsfilets gestopft, morgens, mittags und abends pro Heuler je vier Filets — und als Ergänzung vormittags und nachmittags je drei unausgenommene Heringe, dazu in den ersten 30 Tagen die Vitamine »A« und »D 3«.

Mariane Reineck brachte ihre Heuler mit der flüssigen Magenschlauchsondennahrung und in ähnlichen Erfolgsquoten hoch.

Immer noch aber waren die Ausfälle zu hoch. Man war sich jetzt aber darüber klar, daß in diesen Richtungen eine endgültige Lösung zu suchen sei, und Dr. Kurt Ehlers schrieb: »Für die Zukunft schwebt mir eine Fütterung — unter Berücksichtigung des Alters der eingebrachten Heuler — vor, die eine Kombination der Methode Dr. Reineck und der unseren darstellt.«

Ein Jahr später, nach der neuen Heuler-Saison, berichtet Mariane Reineck: »Wir haben nach einer solchen ›Kombination‹ gesucht und sie wohl auch gefunden; sie lautet: Fisch u n d Flüssigkeit! Grüne Heringe (nicht ausgenommen!) werden im Fleischwolf durchgedreht und im Mixer mit Wasser verdünnt. Das Ganze wird den Heulern durch den Magenschlauch gegeben.«

Wie sie sich an diese Kombination herantastete, erzählte mir die »Seehundsmutter«: »Unseren ersten Heuler bekamen wir 1960 am 20. Juni. Es war ein großes, aber sehr abgemagertes Tier von 12 Kilo Gewicht, noch mit Nabelschnur. Dieser Heuler, ein Bulle, wurde in den ersten zwei Tagen mit dem für diese Zeit bewährten Milch-Saumi-Schmalz-Gemisch gefüttert. Dieser Mischung setzten wir am dritten Tage pro Mahlzeit einen Löffel Haferflocken zu. Die Nahrung wurde gut vertragen. Bereits am vierten Tage wurde eine Mahlzeit versuchsweise durch Fischbrei ersetzt. Vom sechsten Tag an erhielt er nur noch Fischbrei. Am 8. Tag hatte er ein Gewicht von 12,5 Kilo und bekam fünf Mahlzeiten mit insgesamt 3200 cm^3 Fischbrei. Am elften Tag wurde er mit 5 Heringen gestopft, bekam aber daneben noch immer Fischbrei mit dem Magenschlauch. Am vierzehnten Tag wog er 16,0 Kilo. Am zwanzigsten fraß er die Heringe aus der Hand. Meine Familie, die Helfer und die stets zahlreichen Zaungäste jubelten. Was besonders für die frühzeitige Ernährung mit Fisch spricht, ist das gute Ansteigen der Gewichtskurve: Am 24. Tag wog er bereits 20 Kilo! Wir beschlossen, nun den Versuch zu wagen und den neuen Heulern sofort Fischbrei zu geben. Bis auf eine Ausnahme wurde diese Nahrung von allen elf Tieren gut vertragen.

Ich hatte bis dahin noch nie eine so lebhafte und muntere Heulerherde gehabt — wenn sie das Haus auch bereits um 5 Uhr morgens durch energische Hungerschreie weckten.«

Der folgenschwere Aufruf

Und gerade, als die Jäger und Tierschützer ihren Aufruf »Hände weg von jungen Seehunden« in Seebädern, Dörfern und Küstenstädten anschlagen ließen, waren Konrad Lüders, Mariane Reineck und Kurt Ehlers soweit, daß ihre Heuler-Aufzucht beachtliche Erfolge aufzeigen konnte und Dr. Ehlers veröffentlichte: »Es gibt kein Heulerproblem mehr.« Die Erfolgsquote stand bei 90 % der rechtzeitig eingelieferten Seehundwaisen.

Und das Jahr 1966 wurde trotzdem zu einem Problemjahr für die Heuler. Der Tod der ersten in der Aufzuchtstation abgelieferten mutterlosen Robbe läutete es ein, es war der 17. Juni. Konrad Lüders steigt noch heute die Zornesröte ins Gesicht, kommt er auf dieses traurige Heulerjahr zu sprechen.

Damals bat ich ihn um seine Meinung zu der Plakat-Aktion der Jäger. Er schrieb sie mir in Bitterkeit:

»Sie wissen, daß in der Heulerzeit besonders nach stürmischen Tagen an den Stränden der Jade immer wieder verwaiste Seehundjungtiere gefunden werden. Die neugeborenen Tiere sind durch die widrigen Wetterverhältnisse von ihren Müttern abgekommen und nähern sich nun mit Heultönen allen Lebewesen. Ja, sogar an den Füßen der Badegäste versuchen die kleinen Heuler zu saugen. Trägt man sie ins Wasser zurück, machen sie sofort wieder kehrt und folgen wiederum hilfesuchend den Menschen. Niemand kann sich dem flehenden Bitten eines solchen Tieres entziehen.

Durchschnittlich 15 Seehundbabys werden im Sommer zu uns gebracht. Mit ihrer Aufzucht haben wir zunehmende Erfolge zu verzeichnen. Nach anfänglichen Mißerfolgen gelingt es uns heute, zwischen 70 und 90 % aller Tiere aufzuziehen. Voraussetzung ist nur: Sie müssen rechtzeitig bei uns eingeliefert werden, bevor ein Kräfteverfall eingetreten ist. Nach

Beendigung der mühseligen, etwa vier Wochen erfordernden Aufzucht unter der Obhut von Frau Dr. Mariane Reineck in der ›Kinderstube‹ des Seewasseraquariums geben wir die eingewöhnten Jungtiere an Zoologische Gärten in ganz Europa ab. Sofern mehr Tiere aufgezogen werden, als von den Zoos aufgenommen werden können, überlassen wir die mit einer Kunststoffmarke gezeichneten Überzähligen wieder auf die Seehundrudelplätze vor dem Jadebusen. Es sind dies: Hohe Weg, Alte Mellum und die Watten an der Ostspitze der Insel Wangerooge.

Um auf den ersten Heuler dieses Jahres vom 17. Juni zu kommen: Er wurde uns von einem Streifenwagen der Polizei gebracht. Die Beamten hatten das Tier am Geniusstrand übernommen. Die Strandbesucher, denen das Tier gefolgt war, hatten einen ganzen Tag und auch am nächsten Morgen noch versucht, das kleine Tier seiner Mutter wieder zuzuführen. Sie hatten es immer wieder ins Wasser getragen, und erst, als es ganz erschöpft auf der Steinbank liegen blieb und kaum noch den Kopf heben konnte, die Polizei verständigt.

Die Beamten überbrachten uns das Tier, obwohl es in ihrem Dienstgebäude einen Aushang gibt, in dem die Jägerschaft und die Tierschutzverbände fordern: ›Hände weg von kleinen Seehunden!‹ Es ist das Plakat, von dem Sie meine Meinung hören wollen. Hier ist sie: Wir haben kein Verständnis für die immer wieder verbreitete Aufforderung, die wohlgemeint sein mag, aber einer kritischen Betrachtung nicht standhält. Unser kleiner Heuler vom Geniusstrand war durch das breite Jadefahrwasser vom nächsten Seehundrevier getrennt. Wir haben noch niemals beobachten können, daß sich ein führendes Muttertier so weit vom Rudelplatz entfernt.

Man muß so oft wie wir versucht haben, einen kleinen ›Heuler‹ seiner Mutter zuzuführen, um zu wissen, daß die von den Jägern und Tierschützern gemeinsam verbreitete Behauptung unzutreffend ist. Dem einzigen höheren Wildtier unserer Küste wird die Hilfe, die es sich vom Menschen in seiner Not verspricht, von Jägern und Tierschützern verweigert.

Wir haben mehr als 100 der bei uns abgelieferten jungen Seehunde aufgezogen. Bei jedem Tier wurde versucht, die Mutter zu finden. Das gelang aber niemals! Vor allem ist es auch der beklagenswerte Zustand der kleinen ›Heuler‹, der jeden Zweifel daran ausschließt, daß diese Tiere ihre Mutter schon seit längerer Zeit verloren haben und nicht soeben von ihnen am Strand nur abgelegt wurden. Es ist bisher auch noch kein Fall bekannt geworden, daß ein aus dem Seehundsrudelrevier abgetriebenes Tier seine Mutter wiedergefunden hat.

Wir richten deshalb die Bitte an alle Tierfreunde: Meidet die Seehundreviere, die mit fortschreitender Technik immer näher in die Reichweite des Menschen geraten! Verschont dieses ›Hochwild unserer Küste‹ vor der Motorbootraserei! Wenn aber weit außerhalb der Seehundreviere ›Heuler‹ die Nähe des Menschen suchen, sich auch nicht abweisen lassen, bringt sie uns ohne Verzug! Wir können den kleinen Tieren am besten helfen.«

Selbst der Kreisjägermeister Carl-Edzard Schelten-Petersen, in dessen Zuständigkeit die gesamte ostfriesische Nordseeküste fällt, konnte sich der Argumentation von Konrad Lüders nicht entziehen. »Meine Erfahrungen«, so sagte er, »sind zu gering was die Seehunde betrifft. Ich kann kein sicheres Urteil darüber abgeben, ob der für anderes Wild zutreffende Grundsatz, Jungtiere nicht anzufassen, auch auf ›Heuler‹ angewandt werden kann. Ich halte die auf Plakaten verbreitete Aufforderung ›Hände weg von jungen Seehunden‹ aber für gewagt, weil die Seehundrudelplätze sehr weit von den Fundstellen der ›Heuler‹ entfernt liegen.«

Konrad Lüders legte seinem Brief an mich noch eine Skizze von der Umgebung Wilhelmshavens bei, in die er Fundstelle und Seehundrudelplätze im Mündungsgebiet des Jadebusens eingezeichnet hatte.

Den Sätzen von Dr. Kurt Ehlers ist nichts hinzuzufügen, sie sind nicht zu korrigieren. Er schrieb:

»Was auch immer die Ursache sein mag, die dazu führt, daß ein Robbenbaby einsam, schwach und schrecklich hungrig, klagend heult, es ist ohne den menschlichen Versuch, zu helfen, in jedem Fall verloren. Es muß sterben.«

Im deutschen Küstenraum zwischen Borkum und Cuxhaven findet man von Juni bis in die ersten Augusttage hinein, in der »Setzzeit« der Seehunde, ungefähr ein halbes Hundert verlassener kleiner Robben. In der Gründerzeit der Aufzuchtstationen waren es die Zoos von Cuxhaven und Bremerhaven und das Seewasser-Aquarium von Wilhelmshaven, die sich um ihre Lebensrettung bemühten. Die Zahl der aufgegriffenen, heulenden Jungseehunde zwischen der Elbmündung und der dänischen Grenze dürfte annähernd die gleiche sein. Das sind natürlich niemals alle Heuler aus diesen Strichen. Die Höhe der wahren Zahl liegt im Dunkel, und nie werden wir erfahren, wie viele kleine Seehunde dem Hungertod erliegen.

Die Pionierarbeit der alten Aufzuchtstationen ist heute geleistet, Dr. Ehlers ist tot, Mariane Reineck gab auf. Auf ihren Kenntnissen bauten die neuen Aufzuchtstationen ihre Arbeit auf. Die neuen Institutionen werden von der Jägerschaft unterhalten im Auftrag der jeweiligen Ministerien für Ernährung, Landwirtschaft und Forsten. Die neue Station in Norden nimmt die Heuler aus dem niedersächsischen Bereich von Borkum bis zur Elbe auf, die schleswig-holsteinische liegt in Büsum und umfaßt die Küste von Brunsbüttelkoog bis zur Nordspitze der Insel Sylt. Die Aufzuchterfolge beider Stationen, von denen die in Norden die jüngere ist, können sich sehen lassen. Sie sind so zufriedenstellend, daß man in den letzten Jahren damit beginnen konnte, Heuler wieder ins freie Meer zu entlassen.

Heulen hat heute für die von ihren Müttern verlassenen Seehundbabys eine Zukunft. Die einzige Voraussetzung ist: Sie müssen rechtzeitig gefunden werden.

Mein erster Seehund

Als ich meinen ersten Heuler kennenlernte, stand es um die Jungseehunde nicht so rosig. Ich sah ihn in hereinbrechender Nacht auf einer ostfriesischen Insel an einem Ort, wohin er nicht gehörte: am Rande eines Bohlenweges zwischen den Dünen, über den tagsüber die Badegäste an den Strand zu strömen pflegen. Den Namen der Insel will ich verschweigen, denn mein Erlebnis war unschön, die Tatsache des Geschehenen unabänderlich. Und die Geschichte ist lange her. Sie spielte zu einer Zeit, in der man noch keine oder nur Zufallserfolge in der Seehundaufzucht kannte. Die Namen der Beteiligten spielen ebenfalls keine Rolle, sie sind für den Gesamtvorgang unerheblich, denn was ich zufällig an diesem Platz erlebt hatte, könnte sich genauso oder in einer Variante auf einer anderen Nordseeinsel oder an der Küste zugetragen haben.

Mit dem Juniwetter hatte ich in jenem Jahre Pech gehabt. Auch an diesem Tage tobte der Sturm wieder, der Regen kam unstet und waagerecht aus Nordwest, wenn ihn die Böen trieben. Auf der hölzernen Veranda meiner Ferienpension, die aus der Jahrhundertwende stammte, rann es durch die undichten Verglasungen, und das Wasser stand auf den Dielen. Er war unverhältnismäßig kühl für letzte Junitage.

Ich hatte mich deswegen zu meinen Fischersleuten in die warme Küche zu Rosinenschnaps und süßen Tee gesetzt. Wir klönten schon den ganzen Nachmittag. Was hätten wir auch anderes tun sollen? Gegen Abend plötzlich ließ der Regen nach.

»Muß mol nach's Wetter kieken...«, brummte Hermann und verschwand nach draußen. Wenig später trollten sich auch Hein und Uli. »Die Jungs woll'n sehn, ob vielleicht Holz angeschwemmt is«, meinte der Alte und grinste in sich hinein wie ein zerlaufendes Honigkuchenpferd. Ja, ja: Holz sagen und Gold suchen ... Diese alten Halbpiraten! Ich war ja nicht zum ersten Male an der Nordsee. Ich kenne schon diese unbezähmbare Unruhe, die die Männer befällt, wenn der Sturm abflaut. »Strandgut« heißt das Stichwort, die Parole, die sie auf die Beine bringt — auch heute noch!

Ich nahm mein Wetterzeug vom Haken. Den ganzen Tag hatte ich drinnen verhockt. Jetzt wurde es Zeit, mal wieder eine Prise Meeresluft zu inhalieren. Draußen war es dunkel. Ein unregelmäßiger Wind versuchte den Sturm abzulösen und trieb mit den baumelnden Lichtern der alten Straßenlaternen seltsame Spiele. Ich schritt auf die Kette der Dünen zu, die sich schwärzer noch als der dunkle Himmel in den Horizont schoben. Dann hörten die niedrigen Häuser auf, und der Bretterweg im Sand begann. Dort, wo der Weg wie ein Paß den Dünenkamm durchschnitt, verhielt ich. Das sah ja unheimlich aus! Soweit mein Blick reichte, schwärmten kleine Lichter wie Glühwürmchen über den weiten Strand, verloschen, um an anderer Stelle wieder aufzuflammen. Und nach Westen zu gab es gleich eine ganze Versammlung von ihnen. Es war die Zeit der Ebbe, und die Männer der Insel suchten mit ihren Taschenlampen nach Strandgut. Da mußte in den letzten Sturmtagen auf See allerhand Deckladung über Bord gegangen sein.

»Will doch mal sehen, was die da so finden«, dachte ich mir. Kaum aber hatte ich die ersten paar Schritte strandwärts getan, kam von unten her ein Schatten mir entgegen. Ein Mann schob ein Fahrrad die Düne hinauf. Vom Bohlenweg trat ich beiseite in den Sand, denn das Holz bot nur Weg für einen. Und plötzlich sah ich aus dem anderen Blickwinkel, daß an dem Gepäckständer des Rades ein Strick gebunden war. Etwas Dickes zog er hinter sich her. Jetzt erkannte ich auch das Gesicht des Mannes unter der Schirmmütze. Uli war es, mit dem ich vorhin in der Küche zusammengesessen hatte. »Na?«, fragte ich, »Tüchtig Holz gefunden?« — »Nöö! Dat woll nich! Habe eben man aus Versehn 'n Heuler überfahren!« —

»Was haben Sie?« — »Tschä! Als ich eben auf'n harten Strand so langfuhr, um nach Holz zu kieken, macht's ›bums!‹ und ich liege auf der Nase. Lag doch 'n gestrandeter Heuler unter mir...« — »Lebendig?« — »Nöö! Dat woll nich! Mausetot. Muß'n mit'n Rad totgefahren haben...« Der Kegel meiner Taschenlampe schnitt das Tier aus dem Dunkel. Drei lange Platzwunden zeigte das Fell und eine schwere Strieme zog sich über den Hinterkopf. Eine heiße Wut stieg in mir hoch. Niemals war dieser Seehund von einem Fahrrad totgefahren worden. Das konnte der anderen erzählen. Um die Hinterflossen des Heulers war der Strick verknotet. Als Uli das Rad anschob, schoß dunkles Blut aus dem offenen Mund des Tieres. Der Mann schleifte seine Beute durch den Sand neben dem Bohlenweg hinter sich her, dann verschluckte die Finsternis das scheußliche Bild.

Die zu Hause werden ihren Uli loben, daß er den anderen den Heuler vor der Nase wegschnappte. An diesem Abend heute werde ich mich nicht zu denen in die Küche setzen, nahm ich mir vor. Meine Absicht zu verwirklichen, fiel nicht schwer. Schwarz und ohne Licht lag das Haus da. Nur hinten im Stall war es hell, und ich hörte Johlen und lachende Stimmen. Die Holztür stand weit offen. Man schlug bereits den Heuler aus der Decke, wie es so schön heißt.

Am nächsten Morgen schien endlich die Sonne wieder, als sei es niemals anders gewesen. Neben Ulis Rad im Hof lehnte ein starker Knüppel. Er war an einem Ende dunkelrot verfärbt. Ich meldete ein Gespräch nach Wilhelmshaven an. Den Leiter des Nordsee-Aquariums wollte ich sprechen, denn ich hatte von seinen Heuler-Aufzuchtversuchen gehört. Konrad Lüders bestätigte mir, was ich vermutet und erhofft hatte: In den letzten Tagen waren bei ihm und im Senckenberg-Institut sechs Heuler abgegeben worden, von Badegästen und von Fischern.

Das nächste Schiff brachte mich zum Festland, und wenige Stunden später stand ich zum ersten Male in meinem Leben vor lebendigen Heulern.

Sie machten ihrem Namen alle Ehre und schrien, daß die Quadersteine der Deiche auf der Schleuseninsel von Rechts wegen eigentlich hätten weich werden müssen. Ich hatte keine Ahnung von der Schwierigkeit einer Seehundaufzucht. Meine Vorstellung war: Einlieferung ins Institut — und schon hat alle Not ein Ende. Aber nichts dergleichen! Man machte hier damals gerade die ersten Versuche, über den zufälligen Einzelerfolg hinaus zur gesicherten Serienaufzucht zu kommen. Man war zwar — wie sich später erweisen sollte — auf dem rechten Wege, tappte aber noch mit dem Muttermilchersatz im Halbdunkel herum. Man wußte damals noch nicht, wie fett Seehundsmuttermilch ist.

Die Heuler-Aufzucht hat etwas zu Herzen Gehendes! Das Bezaubernde an diesen Seehundbabys ist, daß sie sich zum Menschen so hingezogen fühlen, nicht von ihm weggehen, sondern ihm folgen, wohin sie nur können. Völlig zutraulich sind die kleinen Burschen und weichen einem nicht von der Seite. Nur — leider lehnen sie es kategorisch ab, von selbst Nahrung aufzunehmen. Aber ich kam gerade zurecht, um einen bedeutenden Schritt nach vorn bei der Rettung der Heuler mitzuerleben.

In diesem Jahr machte man im Senckenberg-Institut — gleich nebenan sozusagen — die ersten Versuche mit einer neuen Methode der Zwangsernährung.

Eines der Tiere hatte es mir besonders angetan. Es sah viel trauriger aus als die anderen, fand ich. Der kleine Welpe war ein Bub. Man hatte ihn Hannes genannt. Am Tage zuvor war er von Fischern aus Carolinensiel hier abgeliefert worden. Und um es vorwegzunehmen: Hannes war einer der wenigen, den die Wissenschaftler in diesem Jahr aufziehen konnten.

Meine Bekanntschaft mit Hannes begann in seiner schwierigsten Stunde. Ich bog durch das dichte Gebüsch, das das Institut am Hafenbecken auf der Landseite umrahmt, und sah eine höchst eigenartige, im ersten Hinschauen nicht zu klärende Situation. Mit dem Rücken zu mir saß ein Mädchen im

Bikini auf einem alten Gartenstuhl, seitlich vor ihm stand ein junger Mann — auch im Badezeug — und hielt in seiner Linken hoch über sich einen weißen Trichter, dessen Tülle mit einem roten Schlauch verbunden war. Der Schlauch lief geradewegs auf das Mädchen zu. Mit der Rechten goß der Mensch irgendetwas aus einem gelben Litermaß in den Trichter. Zäh und breiig floß es grauweißlich hinein. Ein junger Seehund erhielt hier seine Zwangsmahlzeit. Das Mädchen lenkte den roten Gummischlauch, der die Nahrung führte, durch den Mund der Robbe direkt in den Magen des Tieres. Dabei mußte der Seehund zwischen den Oberschenkeln der Ersatzmutter in der Senkrechten gehalten werden.

Die beiden jungen Leute waren Zoologiestudenten, die hier im Senckenberg-Institut einen Teil ihres Praktikums absolvierten. Gleich nach der Atzung wollten sie mit ihrem Pflegling schwimmen gehen. Ja, so ist man versucht zu fragen, wird der kleine Seehund nicht eilends das Weite suchen? Im Gegenteil! Nichts wäre dem kleinen Waisenkind furchtbarer, als wieder allein sein zu müssen. Der junge Mann nahm Hannes auf den Arm und stieg über den Deich ans Gestade der Jade. Beim Schwimmen hielt das Seehundbaby dichte »Tuchfühlung« und wehe, der Mensch entfernte sich zu weit von ihm. Sogleich erhob es sein mitleiderregendes Geschrei. Hannes war noch recht schwach und die Küste so steil. Er hatte Schwierigkeiten, mit eigener Kraft die Höhe zu erklimmen. Kurzerhand nahm ihn die Studentin wie einen jungen Hund am Schlafittchen und bugsierte ihn an Land. Hier angekommen, begann er sofort, sich in der warmen Sonne zu aalen. Aber auch hier konnte man Hannes nicht allein lassen. Die beiden Kinder von Konrad Lüders wurden abgeordnet, dem Jungseehund Gesellschaft zu leisten.

Die Anhänglichkeit der Heuler an den Menschen hat natürlich nichts mit liebevoller Zuneigung zu unserer Gattung zu tun, sie ist allein der Ausdruck ihrer schreienden Angst vor der Einsamkeit.

Mit Hannes konnte man alles machen: Ihn auf den Arm

nehmen und herumtragen wie ein kleines Kind, bis er einem zu schwer wurde. Immerhin wog der Kleine seine guten vierzig Pfund. Man konnte sich mit Hannes in die Sonne legen oder schwimmen gehen. Nur zwei Dinge durfte man nicht tun: ihn allein lassen oder ihn streicheln wollen. So lieb er war, so sehr er es sich gefallen ließ, wenn man ihn wie einen jungen Hund davontrug oder auf den Arm nahm, gegen Streicheln hatte er etwas und schnappte sofort, versuchte man es.

So ein verlassenes Jungtier braucht noch mehr als nur die Nahrung durch den roten Schlauch. Es braucht ein Wesen aus Fleisch und Blut, das die Leere ausfüllt, die der Verlust der Mutter jäh auftat.

Da in der ersten Epoche der Aufzuchtversuche meist nur Einzeltiere Rettungschancen hatten, mußte der Mensch mit seiner blutwarmen Nähe und seiner Stimme die Lücke ausfüllen, sollte sein Pflegling überleben. Heute hat man diesen Einsatz kaum noch nötig. In den Aufzuchtstationen liegt Heuler an Heuler wie im Rudelverband. Das Gefühl der Mutterlosigkeit überbrücken die jungen Tiere durch heftiges Nukkeln und erfolgloses Saugen am Bauch ihrer gleichaltrigen Artgenossen. Ihr Instinkt führt sie bei diesen Versuchen genau an die Stellen, an denen die mütterlichen Zitzen sitzen müßten.

Das so rührende Verhalten uns Menschen gegenüber hält aber nur solange an, wie sich das kleine Ding im Säuglingsalter befindet. Kommt die Zeit heran, zu der in der Weite des Meeres der Jagdtrieb erwacht, die Milchquelle zu versiegen beginnt, sich die Bindung zur Mutter lockert und die absolute Selbständigkeit naht, versucht so ein Heuler vom Menschen loszukommen. Ohne ein Dankeswort, versteht sich. Das ist normal, man sollte darum keine Tränen vergießen. Aber was kann der Mensch für seine Gefühle? Und Seehund-Ersatzmütter sind auch Menschen. Daß selbst ein Jungseehund dabei geradezu in Konflikte geraten kann, erlebte ich vor Büsum.

Zurück in die Freiheit

Grau und schwer wie stumpfes Blei verschmelzen horizontlos Himmel und Meer. Keine Wolken, keine Wogen. Ein Oktobertag ohne Charakter, ohne rechte Helligkeit, ohne den leisesten Schatten. Selbst dem Wind fällt nichts mehr ein, und der Nieselregen kann kommen, wie er will.

Mühelos und rasch verwischt daher das sanfte Himmelswasser den einzig aufkommenden Akzent in dieser Welt der Nässe. Die perlende Blasenbahn, die die Schraube eines kleinen relinglosen Krabbenkutters durch das Meer zieht, vergeht ohne Übergang. An Bord ist die Stimmung gedrückt wie das Wetter. Jan im Steuerhaus hält wortlos Kurs hinaus auf die See vom Hafen durch die Schleuse am Leuchtturm vorbei. Marlies, seine junge Frau, hockt stumm auf der ersten Stufe zum Niedergang und starrt auf die Decksladung zu ihren Füßen. Die kleine Fracht des Kutters, die sie nicht aus den Augen läßt, ist nicht alltäglich.

Auf dem Verdeck hat Jan vor dem Auslaufen das hölzerne Quadrat eines Kinderlaufställchens festgezurrt. Zwei Jungseehunde schauen aus dem Stäbchengeviert, ihre Augen blicken verständnislos auf die Unendlichkeit der See.

Opa und Felicitas, so hat Marlies ihre Robbenkinder genannt, sind gekennzeichnet. Ihre Schwanzflossen tragen Markierungen wie Kälber an ihren Ohren. Die Streifchen nichtrostenden Metalls zeigen Nummern und Buchstaben. Unter den Nummern »98« und »99« trug Marlies vor einer guten Stunde Opa und Felicitas ins Ausgangsbuch der Seehund-Aufzuchtstation von Büsum ein. Die Jungseehunde sollen der freien Wildbahn zurückgegeben werden. Zuvor aber hatte sie Jan markiert. In die Schwimmhaut zwischen der zweiten und dritten Zehe der Schwanzflosse stanzte er das Metallstreifchen. Nur wenig zuckten Opa und Felicitas, als die Spezialzange zwickte. Sie schauten sich noch ein paar Mal um nach dem fremden Anhängsel dahinten, dann hatten sie die ganze Prozedur vergessen. Die Markierung ist federleicht und wird sie nicht in ihren Bewegungen hindern.

Jetzt liegt schon Büsums Hafen hinter ihnen.

Jan hat die beiden Tiere in diesem Kinderställchen untergebracht, damit sie den Weg in die Freiheit nicht zu früh antreten. Marlies wischt mit dem Handrücken über die Augen. Spritzwasser der Bugwellen war es nicht, das ihre Augen näßte. Ihr fällt der Abschied von den Robbenkindern schwer. Gerade diese beiden waren ihr so ans Herz gewachsen. Bis heute früh noch fütterte sie die jungen Seehunde mit frischtoten Fischen. Wird nun der Instinkt die Tiere zur Jagd auf lebende Beute umleiten? Niemand hatte ihnen ja zeigen können, wie man sowas macht. Werden sich die an Menschen gewöhnten Robben überhaupt von ihr trennen wollen? Oder würden sie vielleicht versuchen, nach dem Aussetzen dem Boot zu folgen oder gar an Bord zurückzuklimmen? Marlies macht sich Gedanken. Und sie macht sich immer wieder die gleichen, obwohl sie doch nun nicht zum ersten Male Jungseehunde aussetzt. Sie kann eigentlich ganz beruhigt sein: Noch immer glückte es, die Kleinen in den Prielen abzusetzen, noch niemals wurde einer ihrer markierten Zöglinge verhungert an den Strand gespült. Aber es gab schon Rückmeldungen anhand der Markierung. Nur stimmte das Marlies überhaupt nicht froh: Dänische Seehundjäger hatten ihre Lieblinge, die sie vorm Heulertod bewahrte, abgeschossen und die Marken nach Büsum geschickt. Daß Seehunde nach Norden wandern, wußte man aber nun mit Bestimmtheit. Und dazu der ganze Aufwand? Wenn andere Leute Urlaub machen, hat Marlies mit ihren jungen Robben von früh bis in die Nacht alle Hände voll zu tun. Robbenaufzucht ist eine verteufelt schwere Aufgabe. Nur Idealisten wagen sich daran. Von Juni bis Oktober gibt es für Marlies Soll keine freie Stunde, und der Heringsgeruch hängt in Haar und Kleidern.

Wieder ist die junge Frau dabei, Seehunde auszusetzen. Es

ist Oktober. Bis 1. August hatten die Seehunde Schonzeit. Werden Opa und Felicitas zum Freiwild? Marlies seufzt. Nie fährt sie auf solchen Fahrten ohne Herzklopfen und Abschiedsschmerz hinaus. Nach der unsagbar schweren Zeit der Aufzucht — bis zu achtmal täglich mußten die Kleinen zwangsgefüttert werden — und der permanenten Angst vor Augen, es trotz allen Einsatzes nicht zu schaffen, die verwaisten Babys zu retten, hängt sie natürlich an jedem einzelnen von ihnen. Opa und Felicitas sind die kräftigsten des Büsumer Heulerrudels. Sie sollen nun zuerst die Freiheit wiedersehen.

Vor vier Monaten — im Juni — hatten Fischer vor der Eiderinsel die beiden Seehundwelpen kläglich heulend auf Sandbänken gefunden. Als die Männer auf die hellgrauen Babys zugingen, robbten sie ihnen freudig und wie von einer Qual erlöst entgegen. Es war gar kein Problem, sie hochzunehmen und nach Büsum im Schiff zu transportieren. Seehundsäuglinge kennen keine Scheu vor Menschen oder anderen Lebewesen. Sie sehen in jedem, der sich ihnen naht, die verlorene Mutter — und wäre es der kläffende Bastard eines Schiffers. Nimmt sich der Mensch aber ihrer nicht an, sind sie dem Tode preisgegeben.

In der Büsumer Aufzuchtanstalt, die von der Jägerschaft Schleswig-Holsteins finanziert und unterhalten wird, brachte 1971 »Seehundsmutter« Marlies Soll von 24 bei ihr abgelieferten Heulern 22 Jungseehunde durch. Eine Aufzuchtsquote, die noch von keiner der anderen damals noch tätigen deutschen Stationen erreicht oder gar übertroffen wurde.

Eine Stunde noch tuckert der Diesel, bis sich backbord voraus der flache Rücken einer langgestreckten Sandbank aus dem Grau der See erhebt. Jan und Marlies kennen diese Bank. Sie wissen, daß sich hier zur Ebbezeit die Seehundrudel räkeln. Heute allerdings hat das naßkalte Wetter keinen Hund auf die Sände gelockt. Bestimmt aber tummeln sich die Tiere ganz in der Nähe, obwohl im Augenblick weit und breit keine einzige Robbe zu sehen ist.

Das Ziel der großen Freiheit für Opa und Felicitas ist erreicht, der Anker fällt. Jan will jetzt nicht mehr lange warten und den für Marlies doch belastenden Vorgang so rasch wie möglich hinter sich bringen. Langsam hebt er das Ställchen über die Robbenköpfe, und schon kauert Marlies hinter ihren Zöglingen. Sanft drückt sie die Tiere zur Bordkante hin. Bis zum Wasserspiegel hinunter ist es noch ein knapper Meter. Die Hunde recken die Hälse, schnuppern der See entgegen. Aber was da auf sie zukommt, ist ihnen nicht vertraut, ja, es scheint ihnen unheimlich zu sein. Sie wissen gar nichts damit anzufangen. Sie haben keine Sehnsucht nach unendlicher Weite. Weder die Begriffe Freiheit, Jagd und freier Wille noch der der Gefangenschaft bedeuten ihnen etwas, solche Gegensätze kennen sie nicht, sie sind ihnen unbekannt. Marlies war ihre Mutter, das Rudel in der Aufzuchtstation ihre Heimat, ihre Welt. Wohler konnten sie sich nicht fühlen. Opa und Felicitas zögern. Das Angebot hier verlockt sie nicht im geringsten. Sie ziehen ihre Köpfe wieder ein und schauen sich nach den Menschen um. Die nichtbegrenzte Weite beunruhigt sie, sie haben Angst. Ob sie sich im Unterbewußtsein an ihre Verlassenheit von damals erinnern? Ihr erstes Erlebnis in der grenzenlosen Einsamkeit der Bänke und des Wassers, kaum daß sie das Licht der Welt erblickten, war ja auch zu grausam.

Die menschliche Seehundsmutter aber läßt ihren unschlüssigen Robbensprößlingen keine Zeit zum Überlegen. Mit beiden Händen greift Marlies zu, schiebt die Welpen energisch zur Bordwand. Jetzt ragen ihre Köpfe schon über die Reling, unten gluckst das Meer. Aber die Seehundskinder machen keine Anstalten, sich ins kühle Naß zu stürzen. Da lupft sie Marlies kurzentschlossen hinten hoch, die Tiere werden kopflastig, bekommen Übergewicht. Ein kleiner Schubs und noch einer. Kopfüber gehen sie über Bord, zuerst Felicitas, dann Opa. Wasser spritzt auf. Aber sofort sind die Seehunde mit ihren Köpfen wieder an der Oberfläche. Ängstlich schwimmen sie aufeinander zu, suchen sofort beieinander Hautkontakt. Mit ihren großen schwarzen Taleraugen schauen beide enganeinandergepreßt entsetzt zum Boot hinauf, nähern sich ihm. »Da sieh doch, Jan! Sie kommen wieder zurück«, ruft Marlies. Schon sind die Tiere am Kutter, stoßen mit ihren Schnauzen an die Bordwand. Aber sie ist zu hoch — und keine Hand streckt sich ihnen entgegen, um zu helfen. So versuchen die beiden erst gar nicht, an Deck zu kommen. Resignierend drehen sie ab, schwimmen ziellos. Plötzlich sind die beiden Kugelköpfe verschwunden. Minuten später tauchen sie atemholend weit weg vom Boot wieder auf und, als wären ihnen jäh die natürliche Fluchtdistanz wildlebender Seehunde ins Blut geschossen, bleiben sie wie festgenagelt in dieser Entfernung. Nur einmal noch taucht Opa unvermittelt und ganz nah vor Marlies auf. Und schon hat ihn das Meer verschluckt.

Eine halbe Stunde noch bleibt Jan mit seinem Kutter vor der Sandbank liegen, dann lichtet er den Anker. Marlies klappt das Laufställchen zusammen. Im Abdrehen sehen sie noch einmal die Seehundsköpfe, immer winziger werden sie. Die Tiere streben der Sandbank zu.

Waidmannsheil!

Daß die beiden zu Eremiten werden können, befürchten Jan und Marlies nicht. Beobachtungen aus den vergangenen Jahren, bei denen man im Fernglas klar die Markierungen erkennen konnte, haben gezeigt, daß die wieder ausgesetzten Heuler in die Rudelverbände aufgenommen wurden. Auch Opa und Felicitas werden Anschluß finden. In der nächsten Woche wollen die Büsumer noch einmal zehn markierte Jungtiere in die Freiheit entlassen.

Die Seehundpopulation zwischen Borkum und Sylt kann durchaus so eine Zufuhr, und sei sie noch so klein, vertragen. Zählungen vom Flugzeug aus ergaben immer niedrigere Ergebnisse. Allein vor der niedersächsischen Küste zwischen Ems und Elbe zeigten sie im Verlauf von drei Jahren bis 1970 einen Rückgang der Robbenbestände von 1541 Hunden auf 1299 Köpfe; 1972 sah man in der gleichen Region aus der Luft 1307 Tiere und das Resultat der Zählung vom 11./12. Juli 1973 war für die Forscher deprimierend: Vor der niedersächsischen Küste lagen nur noch an die 1100 Seehunde. Allerdings sind um diese Zeit noch Robbenbabys zu erwarten, das Gros der Jungtiere ist um diese Zeit aber bereits gesetzt. Geringfügige Verschiebungen des Zählergebnisses nach oben sind noch möglich. Alarmierend ist die Tendenz: Die Population der deutschen Seehunde hat die Schwindsucht, ihr Rückgang ist für die Art existenzbedrohend.

Den holländischen Artgenossen geht es sogar noch schlechter. Dr. Jan van Haaften, der die Seehundforschung in den Niederlanden leitet, spricht sogar von ganz erheblichen Rückgängen der Bestände. Muß man nach solch sprechenden Zahlen nicht einhellig der Meinung sein, der deutsche Seehund gehöre total geschützt, damit das größte Wassersäugetier an unserer Nordseeküste nicht ausstirbt?

Aber wir leben ja in einer Föderation von Bundesländern. Niedersächsische Jäger beschlossen für 1972 den Hegeabschuß. Nur offensichtlich kranke und sehr alte Tiere wurden erlegt. Dabei waren Gastjäger unter Seehundjagdführern noch zugelassen. Das Jahr 1973 sah auch keinen Gastjäger mehr. Seit diesem Zeitpunkt ist — als logische Folge der Bestandsaufnahme — der Seehund vor der niedersächsischen Küste total geschützt.

Was aber soll man dazu sagen, wenn die Oberste Jagdbehörde von Schleswig-Holstein gemeinsam mit dem dortigen Landesjagdverband folgende Veröffentlichung herausbringt:

»Am 21. Juni 1973 berichteten 11 Seehundjagdführer der Obersten Jagdbehörde über ihre Seehundzählung und Beobachtung. Der Bericht wurde ergänzt durch die vom Landesjagdverband vorgenommene Zählung aus der Luft.

An dieser Besprechung, zu der das Ministerium eingeladen hatte, nahmen auch Vertreter des Elbjägerbundes, die Kreisjägermeister der Küstenkreise und Vertreter der Wasserschutzpolizei teil.

Der Bestand an Seehunden vor der schleswig-holsteinischen Küste zwischen Elbe und dänischer Grenze hat nicht abgenommen. Alle Beobachter sind im Gegenteil der Meinung, eine leichte Zunahme feststellen zu können. Wurden im Vorjahr gut 1400 Hunde gezählt, so waren es in diesem Jahr, obgleich noch kaum Junge beobachtet werden konnten, ca. 100 mehr. Warum seit 17 Jahren die Seehunde zum ersten Male so spät Junge zur Welt bringen, weiß niemand mit Sicherheit. Die übliche Zeit war bisher zwischen dem 20. Mai und 10. Juni. Die mit der Wildart Vertrauten vermuten, daß Nahrungsmangel der Grund ist. Die Fischer fangen immer weniger Krabben und Plattfisch.

Von den im Vorjahr zum Abschuß freigegebenen 299 Seehunden wurden 195 erlegt. Darunter sehr viele kranke und schwache Hunde. *Diese Zurückhaltung der Bejagung darf sich nicht wiederholen,* da mehr als 1200 bis 1400 Seehunde vor der schleswig-holsteinischen Küste nicht ernährt werden können. Vorausgesetzt, daß die normale Zahl von Jungen auch in diesem Jahr noch gesetzt wird, *müssen 242 Seehunde, vor allem junge Seehunde, geschossen werden,* da der Altersaufbau des Bestandes und die Zusammensetzung der Rudel einen guten Eindruck machen.

Die seit 17 Jahren genau kontrollierte Jagdausübung hat sich in der bisherigen Art als richtig erwiesen. Übereinstimmend berichten die Jagdführer, daß die geführten Jagdgäste stets damit einverstanden sind, wenn der Jagdführer den Abschuß eines kranken Hundes verlangt und der Jagdgast damit, statt eine starke Trophäe oder ein gutes Fell zu erbeuten, einen Hegebeitrag leistet.

Auf der internationalen Tagung des CIC (Conseil international de la Chasse) in Warschau am 16. Juni 1973 wurde die Hegeleistung der Schleswig-Holsteinischen Landesregierung besonders hervorgehoben. Durch 17jährige genaue Bestandsaufnahme und steten Abschuß der Kranken und Schwachen und der überzähligen Jungen haben sich einzig vor Schleswig-Holstein die Seehunde in nennenswerter Menge gesund und erhalten.«

Ich erspare mir zu dieser Veröffentlichung meinen Kommentar. Ich zitiere eine ddp-Meldung aus Kiel:

»An der schleswig-holsteinischen Nordseeküste beginnt am Mittwoch (1. August) wieder die Jagd auf Seehunde. Auf Grund zahlreicher Proteste von Urlaubern, die schon seit 20 Jahren beobachten müssen, wie die Tiere im Sommer abgeschossen werden, war es noch einmal zu einem Gespräch zwischen dem schleswig-holsteinischen Landwirtschaftsminister Ernst Engelbrecht-Greve und dem Vorsitzenden des Tierschutzvereins von Schleswig-Holstein, Wolfram Hartwich, gekommen. Das Ergebnis ist eine Senkung der Abschußquote von rund 240 auf 150. In einer gemeinsamen Erklärung haben Minister und Tierschützer mitgeteilt, daß eine Hege der Seehunde mit der Büchse ebenso wie bei anderen Wildarten erforderlich sei. Nach Angaben des Ministeriums gibt es an der schleswig-hosteinischen Nordseeküste nur für rund 1400 Seehunde ausreichende Futtermengen. Daher sei ein Abschuß unumgänglich. Auch das Fangen der Robben und die Umsiedlung in andere Gebiete an der Nordsee scheiterte bisher an der ungelösten Futterfrage. Bei den Abschüssen müssen die Jäger von amtlich bestellten Seehundjagdführern begleitet werden, die für einen korrekten Abschuß sorgen.«

Gegen den Kieler Beschluß hagelte es weitere Proteste.

Aus Den Haag meldete dpa tags darauf:

»Die niederländische Vereinigung zur Erhaltung des Wattenmeeres hat die Bundesregierung für das drohende Aussterben der Seehunde an der Nordseeküste mitverantwortlich gemacht.

In einer Erklärung protestierte sie gegen angebliche Pläne, in Kiel für 20 000 Mark Abschußlizenzen zu verkaufen. Es wurde darauf verwiesen, daß der Bestand an Seehunden ohnehin seit Jahren wegen der Wasserverunreinigung abnimmt.

Unabhängig von diesem Protest begann ein Strandmarsch der Organisation ›Strohhalm‹ von Den Helder über die ganze Länge der niederländischen Küste bis nach Middelburg. Unter dem Motto ›Macht die Nordsee nicht zur Mordsee‹ werden die Badetouristen durch Flugblätter, auch in deutscher Sprache, unterrichtet, was zur Reinerhaltung der Küstengewässer notwendig erscheint.«

Die hochsommerliche Jagd auf den Seehund steht schon seit einigen Jahren in der Schußlinie der öffentlichen Meinung. Niemand ist so töricht, nicht die Notwendigkeit der Hege mit Büchse einzusehen, bei der kranke und schwache Tiere durch einen gekonnten Schuß eines Berufsjägers von ihrem Leiden erlöst werden. Was man nicht begreifen kann und will, ist die Empfehlung des schleswig-holsteinischen Jagdverbandes, in der Jagdsaison 1973 auf Junghunde anzulegen. Sie stellt ja eine förmliche Einladung an jene »Gastjäger« dar, die lüstern auf einen Seehund sind, weil sie von ihm noch keine Trophäe an ihrer Wand hängen haben. Übrigens ist die immer wieder hervorgehobene Pflichtanwesenheit eines amtlich bestellten Seehundjagdführers noch lange keine Garantie für den sauberen Schuß des Lizenzjägers. Niemand kennt die Zahl der weidwund angeschweißten Seehunde, die gurgelnd in den Prielen versanken, und man möchte seine Hand dafür ins Feuer legen, daß die Zahl der amtlich angegebenen erlegten Hunde weit unter der Zahl der wirklich getöteten liegt.

Zuviele erholungsuchende Menschen in den deutschen Seebädern wurden schon Zeugen scheußlicher Szenen, in denen Wohlstandsjäger höchst unsympathische Hauptrollen spielten und ihre lizenzerkauften Schüsse guter, »einwandfreier« Felle wegen lieber auf zutrauliche und leicht mit der Hand zu greifende Jungseehunde richteten, als die vernarbte Haut eines gewitzten Alten aufs Korn zu nehmen.

Wie so eine Gastjäger-Pirschfahrt auf Seehunde vor sich geht, haben die Journalisten Spill und Hoffmeyer 1969 in »Neue Revue« realistisch und treffend beschrieben. Diesen Bericht in Auszügen hier nicht wiederzugeben, wäre eine Unterlassung. Allein schon deswegen, weil er unwidersprochen blieb und sich das Geschehen vor Schleswig-Holsteins Küste immer wieder abspielen wird, bis endlich auch hier der Seehund total geschützt ist.

»Der Tod kommt für die Seehundbabys meist am Wochenende. Dann haben die Jäger aus dem Binnenland Zeit, ihrem Vergnügen nachzugehen. Die Formalitäten sind schnell erledigt. Gegen Vorlage des Jagdscheins und eine Gebühr von 20 DM lösen sie einen Jagderlaubnisschein. Für weitere 120 Mark ist einer der lizenzierten Seehundjagdführer bereit, die Sonntagspirscher ›auf den Hund zu bringen‹. Die Jagd begann wie ein harmloser Sonntagsausflug in Schüttsiel, wo die Urlaubsdampfer zu den Halligen und Inseln Amrum und Langeneß ablegen. Dort holte uns Seehundjagdführer Neuton von Holdt, Besitzer einer Pension auf Hallig Hooge, mit seinem Boot ›Seeadler‹ ab. Es stiegen zu: ein Oberförster aus der Rhön, ein Steuerberater aus Frankfurt-Höchst, beide mit geschulterter Flinte, ein Jäger, der das edle Weidwerk filmen wollte, dessen Kind, ein Zuschauer und die Frau des Oberförsters. Besondere Ladung: ein Kasten Edel-Bier und eine Buddel Korn.

Nach einer knappen halben Stunde ankerte der ›Seeadler‹ 500 Meter vor einer Sandbank südlich der Hallig Oland. Durchs Fernglas war deutlich zu sehen: Auf dem Sand sonnte sich eine Herde von etwa 25 Seehunden.

Neuton von Holdt und sein Matrose Christoph Hardtke machten das Beiboot klar. Dann ruderten sie die beiden Seehundjäger, deren Kameramann und den Journalisten Gerhard Hoffmeyer hinüber auf das Eiland.

Die Seehundherde war natürlich längst im Wasser untergetaucht. Nur ab und zu reckte sich ein Kopf zum Luftholen aus der See. Matrose Christoph ankerte das Boot an der einen Seite der Sandbank. Jäger und Filmer legten sich am anderen Ende flach auf den Bauch. Die Jagd beginnt.

Neuton von Holdt, ein Zweizentnermann, kreuzt seine Beine wie Flossen und beginnt, bäuchlings die wippenden Bewegungen der Seehunde nachzuahmen. Nicht lange, und ein Hund sitzt diesem alten Jägertrick auf. Es ist, wie erwartet, ein Junges. Während die alten Hunde listig im Wasser bleiben, wo sie nicht gejagt werden dürfen, kriecht das Seehundbaby, ganz ein neugieriges, unerfahrenes Kind, auf die Sandbank. Es will den neuen großen ›Seehund‹, der da oben so lockt, aus der Nähe besehen. Von den Jägern ist es zehn Meter entfernt.

Da schießt der Oberförster. Ein kurzes Aufbäumen noch, und das Robbenbaby fällt tot in den Sand. Einschuß unter dem Schwänzchen, Ausschuß hinter dem Ohr.

Die Jäger springen auf, stehend gratulieren sie dem Todesschützen, während das Robbenjunge im Sand ausblutet. Neuton von Holdt schleift es ans Wasser und spült das Fell ab. Die See färbt sich blutrot. Andere Robben sind nun nicht mehr zu sehen. Die Tiere sind weggetaucht.

Seehundjagdführer von Holdt legt dem Schützen die Beute zu Füßen. Silbrig glänzt das Fellchen in der Sonne. ›Geboren im Juni. Hat noch Säugespeck‹, stellt er sachlich fest.

Schon vom 16. Juli an (1969! d. Verf.) dürfen die Ende Mai, im Juni und Juli geborenen Seehunde gejagt werden. Viele säugen noch, einige tragen sogar noch die Nabelschnur, wenn das Töten beginnt. Andere Jagdgäste von Holdts hatten bis zum 1. August schon sieben Seehunde erlegt. Es waren nur Babys. Ältere Hunde lassen sich nicht an einem Wochenende mit Sicherheit schießen. Sie taugen auch nicht zur Paradetrophäe, weil ihr Fell von den Kämpfen in der Herde zerbissen ist. Die Jäger selbst sagen:
›Deshalb müssen halt die Jungen dran glauben.‹

Jetzt will auch der Steuerberater zum Schuß kommen. Schon nach 30 Minuten fällt wieder ein Junges auf den wippenden Seehundjagdführer rein. Der Schuß preßt ihm ein Auge aus. Stolz zeigt der Steuerberater seine Patrone: Remington 222, Mantelgeschoß. Explodiert im Körper und tötet sofort.

An den Schwänzen schleifen die Jäger ihre Beute zum Boot. Sie hinterlassen breite Blutspuren und eine aufgescheuchte Herde, die innerhalb von 45 Minuten zwei ihrer Jungen verloren hat. ›Weidmannsheil‹ empfängt die Förstersfrau die Schützen mit Brot, Bier und Korn.

›Das macht doch Spaß, nicht?‹ heischt der Oberförster nach Anerkennung. Und der Steuerberater handelt mit Seehundjagdführer von Holdt den Preis fürs Gerben aus: 14,— DM. Das präparierte Babyfell soll später im Wohnzimmer hängen.

Keiner der Jäger macht sich Gewissensbisse. Sie fühlen sich nur im Recht, sie sind es nach den Buchstaben des Gesetzes auch. Dr. Rüdiger Schwarz, Oberlandesforstmeister und Leiter (1969) der Obersten Jagdbehörde Schleswig-Holsteins:
›Wenn wir Junghunde schießen, so ist das am besten für den natürlichen Altersaufbau des Bestandes. Auch die Schwertwale würden, wenn sie hier nicht ausgerottet wären, nur junge Seehunde fressen. Jagen müssen wir die Seehunde, um

die Herden kleinzuhalten und damit vor Seuchen zu schützen.‹ Daß allerdings schon einmal eine Seuche grassierte, hat der oberste Jagdherr Schleswig-Holsteins noch nie gehört. ›Die Seehundjagd‹, findet er, ›ist bei uns vorbildlich organisiert.‹

In der deutschen Jagd ist diese Art perfekten Tiermordes ohne Beispiel: Kein junges Häschen, kein Rehkitz darf nach strengem Jägerbrauch geschossen werden. Aber für Seehundbabys haben dieselben Männer noch immer nur die Kugel.«

Professor Dr. Helmut Kraft schrieb am 10. Februar 1973 in der in München erscheinenden Jagdzeitschrift »Die Pirsch« zum Thema Seehundjagd:

»Im Hinblick auf die Hege des Seehundes wäre zu bemerken, daß über Vermehrungs- und Verlustrate nur dann etwas zu sagen ist, wenn die künstlichen Eingriffe in diese Dinge geregelt und bekannt sind. Erfolgt ein zwar zahlenmäßig festgelegter aber sonst ungeordneter Abschuß, so fallen die Junghunde der Jagd zum Opfer; sie sind es, die man bei einiger Geschicklichkeit leicht erlegen kann. Einen alten Hund zu erlegen, bedarf erstens größerer Strapazen und sehr viel Ausdauer und Geschicklichkeit. Eine zeitraubende Angelegenheit, und wer möchte das heute in unserer hektischen Zeit noch auf sich nehmen? Darum schätze ich den Jäger hoch ein, der mir eine zwar nicht schöne, aber große Decke oder einen großen Schädel von einem alten Seehund zeigt. Noch mehr aber den, der mir nachweisen kann, daß er einen kranken Hund erlegt hat und nun keine ›Trophäe‹ hat, weil er ihn zur Untersuchung eingeliefert hat. Wenn sich aber der ›Weidmann‹ nennen will, der von einem Kutter voll Feriengästen einen Junghund schießt und nachher meint, er hätte sich verschätzt, der Seehund war doch wohl nicht so groß wie er schien, dann ist es schlimm um unsere Jagd bestellt. Das Erlegen eines kranken Hundes gehört zu den Pflichten eines Jägers. Die ›Zielscheibe‹ Junghund aber, die man fast mit dem ausgestreckten Arm erreichen kann, die sollte von keinem Jäger beschossen werden!«

Man gewinnt den Eindruck, an der niedersächsischen Küste sitzen alle guten, weichherzigen Menschen, die sich mit einer gehörigen Portion Gefühl für das Überleben der Art Seehund einsetzen, und schräg gegenüber vor Schleswig-Holstein nur harte, schießwütige Jäger ohne jede Einsicht, ohne jeden Blick dafür, was auf den Seehund zukommt.

Leider sehen sich auch aus dieser Perspektive die beiden Gruppen, und trotz aller gegenseitigen Beteuerungen kommt es in der Seehundfrage zu keiner Kooperation zwischen den Seehundkundigen der beiden Fronten. Hier liegen die Ursachen dafür, daß es in der Bundesrepublik keine einheitliche Seehundforschung gibt, sondern nur eine niedersächsische. Ja, nicht einmal die Markierungen der deutschen Seehunde sind einheitlich. In Büsum markieren Jan und Marlies Soll mit Rinderohrmarken, vor der niedersächsischen Küste zeichnet man mit runden Plastikmarken und Farbsymbolen auf Kopf oder Rücken der Tiere.

Dazu kommt noch zu allem Überfluß, daß die Leute von der Waterkant, die wie Hans Behnke mit Seehunden groß geworden sind, nie begreifen werden, warum ausgerechnet ein Bayer, der Münchner Professor Kraft, 1970 von den Niedersachsen den schon längst überfälligen Seehundforschungsauftrag erhielt.

Die Lebenserwartung der Seehunde

Bei einem Gespräch mit Helmut Kraft in der Tiermedizinischen Klinik der Universität München schnitt ich dieses Thema an und fragte ihn nach den Gründen seiner Nominierung. Seine Antwort: »Ich habe mich um diesen Auftrag nicht beworben. Man kam höchstwahrscheinlich deswegen auf mich, weil ich seinerzeit (1969) der einzige Zoologe und Tiermediziner in der Bundesrepublik war, der sich seit langen Jahren mit der Klärung offenstehender pathologischer und serologischer Fragen beim europäischen Seehund befaßte. Vielleicht auch, weil ich weit genug vom Schuß saß, um ›sine ira et studio‹ an den Seehund herangehen zu können und dadurch unter Umständen weniger Gefahr lief, in die emotionsgeladene Atmosphäre des Streits um Seehund und Heuler hineingezogen zu werden.«

Der einzige Leidtragende in dieser unerfreulichen und hemmenden Auseinandersetzung war bisher der Seehund, um dessen Erhaltung es ja eigentlich, wenn auch mit sehr unterschiedlichen Methoden und Zahlen, beiden Parteien gehen sollte.

Auch Schleswig-Holstein ist für die Erhaltung des Bestandes dieser heimischen Robbe, und man macht sich Gedanken um ihre Hege. Allerdings — das muß man sagen — taucht in den Veröffentlichungen unseres nördlichsten deutschen Bundeslandes zu keiner Zeit die Sorge um den Untergang der ganzen Art auf. Man ist zufrieden mit ihrem Bestand, ja man sieht sogar ein solches Wachstum, daß man verstärkt zur Büchse greifen will.

Landesjägermeister Hans Behnke, Berufsjäger und »Seehundvater« von Schleswig-Holstein, veröffentlichte 1969 kurz vor Aufgang der Seehundsjagd seine Ideen von der Hege dieser Robbe in »Wild und Hund«, der anderen deutschen

Jagdzeitschrift. Seine Worte sind nicht frei von Groll: »Was nützt es, daß der Tierschutzverein und die Jagdbehörde in Schleswig-Holstein seit Jahren objektive Stellungnahmen zur Seehundjagd abgeben. Einem Mann wie Dr. Ehlers, Zoodirektor oder Angestellter eines Seehundinstituts, sind diese Tiere ans Herz gewachsen, und er ist betriebsblind. Was aber gibt ihm das Recht, sich besser zu dünken als die Menschen, die sich vom Minister bis zum Krabbenfischer seit 15 Jahren intensiv um die Erhaltung der schleswig-holsteinischen Seehundbestände bemühen. Wenn einer glaubt, ein besserer Mensch zu sein als andere, so sei ihm das unbenommen. Aber wir alle hier halten es für eine Frechheit, ohne sich auch nur mit einem von uns unterhalten zu haben, in der stets auf Lust und Leid lüsternen Tagespresse gegen uns zu polemisieren.

›Mutter und Kind‹ wurden abgeschossen. Bezeichnenderweise in der Zeitschrift ›Christ und Welt‹ derart formuliert. Solche Ausdrücke werden bewußt gewählt, um Menschen, die von der Materie nichts verstehen, ›anzuheizen‹.

Tagelang haben Forstamtmann Krützfeldt und ich in der Woche vor Pfingsten die Küste und die Wattengebiete bereist, um uns ein genaues Bild von dem augenblicklichen Zustand der Seehundrudel zu machen. Diese Fahrt über Pfingsten soll die Übersicht abrunden. Wenn man als Berufsjäger beginnt, sich mit einer Wildart zu befassen, so ist es selbstverständlich, daß man die Literatur durcharbeitet. Leider findet sich in allen Werken über den Seehund, die mir zugänglich sind, wenig über die drei Dinge, die der Jäger wissen muß, um eine Wildart zu hegen und schonend bejagen zu können: Nahrung, Vermehrung und Lebenserwartung. Alles, was mit diesen drei Dingen zusammenhängt, Ernährungsbreite, Wanderung nach Fraß, genaue Brunft-, Trag- und Setzzeiten, Verhalten der Geschlechter zueinander, Verhalten der Altersgruppen zueinander, Rudelgebaren, natürlicher Abgang und das Wichtigste, die Lebenserwartung, findet sich nirgendwo exakt beschrieben.

Wenn ein Wissenschaftler wie Dr. Ehlers wirklich etwas für die Seehunde tun wollte, hätte er dafür sorgen sollen, daß die von ihm aufgezogenen Hunde markiert wurden und ihre Freiheit wiederbekamen, damit genaue Angaben über das Verhalten dieser Wildart in freier Wildbahn hätten erarbeitet werden können. Eine Arbeit, mit der wir, als wir wußten, daß Aufzucht junger Hunde keinerlei Schwierigkeiten macht, sofort begannen. Überhaupt: Wo läßt Dr. Ehlers seine aufgezogenen Hunde? Wir würden sie gern mit aussetzen!

Vielleicht aber war es gut, daß wir in Schleswig-Holstein von der Obersten Jagdbehörde mit der Hege dieser Wildart Betrauten uns von Grund auf selbst einarbeiten mußten. Hingewiesen auf die lückenhaften Kenntnisse über den Seehund und die Notwendigkeit der Markierung hat uns Dr. H. Frank. Er brachte uns auch die ersten Markierungsmarken. Die zuständigen Dienststellen sind heute, dank einer fünfzehnjährigen Zusammenarbeit von rund 30 Menschen, über die Bestände dieser Wildart vor der schleswig-holsteinischen Küste besser orientiert als über das Rehwild auf dem Festland. Auf der Seehundjagd vor der schleswig-holsteinischen Küste passiert weniger Ungewolltes als auf der Bockjagd in den Revieren. Die mit den Fischern abgesprochene Regulation der Seehunde durch Jagd gänzlich aufzugeben, hieße die Seehunde aufgeben!

Jetzt kommt die Sonne durch. Ich hole meinen Block und beginne, mir zu notieren, was festhaltenswert erscheint. Es ist ja keine dienstliche Fahrt heute. Der Fischer und Seehundjagdführer wollte Pfingsten nutzen, um vor allen die Ecken des Reviers abzufahren, in die er sonst als Fischer nicht kommt, und ich fuhr mit, um meine Unterlagen zu vervollständigen, denn die Seehundjungen mit den großen Augen, genauso niedlich wie ein Rehkitz, werden weiterhin als Munition aus der Seelenkanone des Dr. Ehlers verschossen werden. Wir dürfen trotz der niedlichen Rehkitze zwar ungestraft Rehe schießen, aber das Raubtier (oder Greiftier?) Seehund nicht. Also wollen wir wenigstens über den augenblicklichen

Stand und Bestand dieses Wildes besser orientiert sein als unsere besserwissenden Gegner.

Wir tuckern an einer Bank mit 16 aufliegenden Hunden vorbei, ganz langsam in 300 Meter Entfernung. Vor Jahren noch konnten wir auf 50 Meter Entfernung vorbeifahren, ohne daß sich die Hunde rührten. Aber das ist vorbei, seitdem die Hunde damit rechnen müssen, daß ein auftauchendes Fahrzeug schon in Minuten bei ihnen ist. Früher dagegen, als es hier schnelle Flitzer nicht gab, ließ ein gesichtetes Fahrzeug ihnen immer reichlich Zeit zur Flucht. Ab und an taucht ein Hund auf, und wir versuchen dann festzustellen, wie viele es sind, die an diesem Orte fischen. Das ist natürlich nicht möglich. Aber wenn mehrere Köpfe zugleich zu sehen sind, wird die Gegend auf der Karte als Rudelstandort vermerkt. So unruhig die Hunde auf den Bänken liegen, weil sie zu oft durch schnelle Sportfahrzeuge gestört werden, so vertraut benehmen sie sich im Wasser. Die seit 15 Jahren bestehende Anordnung, Seehunde nicht im Wasser und nicht vom Boot aus zu schießen, hat sich vor unserer Küste sehr segensreich ausgewirkt. Die Seehunde wissen jetzt, daß sie, sobald sie das Wasser erreicht haben, sicher sind.«

Hans Behnke zählt dann die Faktoren auf, die für ihn maßgeblich für den Bestand der Seehunde vor der schleswig-holsteinischen Küste sind:

»Die Zahl der vorhandenen Seehunde ist nach übereinstimmenden Aussagen aller Beteiligten nicht geringer geworden. Verlagert hat sich die Menge aus der Gegend Elbmündung und der Gegend Dagebüll-Wyk etwas in heute noch ruhigere und nicht zu sehr durch Abwässer verschmutzte Gebiete. Eine Zählung bei schlechtem Wetter wird aus der Luft Anfang Juni und Ende Juni durchgeführt und danach der endgültige Abschuß von der Behörde auf der Zusammenkunft aller Seehundjagdführer Anfang Juli festgesetzt.

Der Seehund wird sich an unserer Küste nur halten, solange er Nahrung hat und Ruhe zum Setzen behält. Die Nahrung des Seehundes, soweit sie aus Kabeljau, Schellfisch, Aal,

Zungen, Heringen und anderen Seefischen besteht, ist weniger geworden, z. T. in den Einstandsgebieten der Seehunde sogar radikal. Diese Fische werden schon weit draußen gefangen. Selbst der Thunfisch kommt kaum noch bis Helgoland, weil die Logger den Hering weit draußen fangen. Sind irgendwo reichlich Zungen, so sind auch sofort die Ausländer da: Holländer, Belgier, Franzosen und auch die Ostfriesen fangen mit rund 300 Fahrzeugen vor der schleswig-holsteinischen Küste.

Es ist ein Vorteil für die Hunde, daß ihre Hauptnahrung, der Wattbutt, vom Schleppnetz der Krabbenfischer nicht restlos aufgenommen wird. Dieser noch vorhandene Wattbutt und die Krabben halten den Hund zur Hauptsache vor unserer Küste.

Da der Fang der Krabbenkutter heute an Deck bearbeitet wird und nicht mehr auf Sieben die Jungkrabben außenbords ins Wasser gesiebt werden, geht die Jungkrabbe ebenso wie nicht verwertbarer Jungfisch in den Gammel (Futterverwertung). Dieses abzuändern, um dem Watt Nahrung zu erhalten oder im Hinblick auf einen zu gründenden Nationalpark, in dem nur reifer Fisch gefangen werden sollte, erscheint den Fischern schwer möglich.

Heute kommen auf einen Korb Speisefisch oder Speisekrabben zwanzig Körbe Jungfisch und Jungkrabben, die in den Gammel wandern!

Für die 1200 in den letzten zehn Jahren konstant vor Schleswig-Holstein vorkommenden Seehunde ist die Nahrung, wenn der Bestand in diesen Grenzen gehalten wird, ausreichend. Auch die Fischer klagen bei diesem Bestand nicht über Fischschaden.

Störungsfaktoren: Das eklatanteste Beispiel gab Rehn sen. zu Protokoll. Am 15. Mai 1969 fand er bei einer Fahrt zum D-Steert auf diesem aufgebaut ein Zelt und ein Paddelboot an Land gezogen. Der D-Steert ist Heimat im ganzen Jahr für 50 bis 100 Hunde, weil er für Wattläufer unerreichbar weit draußen liegt und bei jeder Flut unterläuft.

Ein weiteres Beispiel gab Rehn jun., der auch Mitte Mai 1969 elf Wattläufer auf einer von den Küstenbewohnern bisher für unerreichbar gehaltenen Hundebank am Flakstrom antraf. Früher haben die an den Hunden Interessierten um gutes Wetter für die Dauer der Setzzeit gebeten. Heute sind alle der Meinung, daß, wenn überhaupt, nur noch bei schlechtem Wetter Hunde im Ebbegebiet der Küste Ruhe zum Setzen finden. (Daher auch Zählflug bei schlechtem Wetter.) Alle Beteiligten sind der Ansicht, daß die Jungen die Ebbzeit nicht mehr auf dem Sand verbringen können, wenn im Juni und Juli die kleinen und großen Badeorte dieses Gebietes mit Gästen besetzt sind und es von Wattläufern und Booten wimmelt. Diese andauernde Störung durch schnelle Motorboote, Segler, Paddelboote und weit ins Watt laufende Wattwanderer zwingt die Muttertiere, wenn sie hier noch gesetzt haben, ihre Jungen zu verlassen, und die Jungen werden, wenn nicht sowieso bei der ersten Begegnung mit Menschen verschleppt, zu Heulern. Daher auch die Anregung, einen ›Nationalpark nordfriesisches Wattenmeer‹ zu schaffen.

Die Seehundjagdführer und Fischer sind sehr unterschiedlicher Ansicht über die Lebenserwartung der Seehunde. 25 Jahre wird als Mindesterwartung angesehen. Neuton von Holdts Vater und Großvater, die zusammen wohl an die zehntausend Hunde erlegten, behaupten beide, der Seehund werde 40 bis 60 Jahre alt. Leider findet sich in keinem mir bekannten Werk eine Angabe darüber. Wenn die Junghunde erst im dritten und vierten Jahr geschlechtsreif sind, ist mit einer Lebensdauer von sicherlich 30 bis 40 Jahren zu rechnen. Die Lebenserwartung aber ist für den Berufsjäger die Grundlage für die Berechnung des Bestandsaufbaues. Die Jagd ist eine zeitlich nebensächliche Störung, wenn man die Dauer anderer Störungen damit vergleicht. Vorgeschriebene Jagdausübung setzte 1954 ein. Sie wurde seitdem laufend verbessert und hat die Bestände an Seehunden seit mehr als zehn Jahren auf der Höhe von rund 1200 zwischen Elbmündung und dänischer Grenze halten können.

Die Freigabe von 300 Hunden und damit der Abschuß von 250 Junghunden und 50 Althunden entspricht dem Zuwachs und den Anforderungen eines gesunden Altersaufbaues, soweit wir es übersehen können.

Die Regelung, Hunde mit der Kugel zu schießen, wird von allen Jagdführern immer wieder als gut unterstrichen. Die Zahl der nicht geborgenen, kranken Hunde erreicht knapp 2 %. Es besteht die Vorschrift, jeden krank entkommenen Hund als getätigten Abschuß zu melden, damit der Abschuß nicht überzogen wird. Die Schußentfernung auf ruhigen Bänken liegt zwischen 5 und 30 Metern. Auf unruhigen Bänken ist die Schußentfernung größer. Der Hund darf nur von der Bank aus geschossen werden, wenn er Sand unter dem Bauch hat, also nicht mehr schwimmt. Der Schuß vom Boot aus ist verboten. Die Jagdführer sind bestätigte Jagdaufseher (!) und werden ihre Lizenz los, wenn sie nicht nach Vorschrift führen.

Der hohe Eingriff der Jagd in die Junghunde entspricht der natürlichen Regulation durch große Raubfische.

Durch die stürmische Entwicklung des Fremdenverkehrs fallen jährlich mehr echte und auch unechte Heuler an. 1969 wird erstmals sehr streng durchgegriffen werden gegen alle diejenigen, die Heuler wild aufziehen. Jeder Fall wird wegen Jagdwilderei angezeigt werden. Überall wird propagiert ›Hände weg vom Jungwild!‹. Die als Jagdaufseher eingesetzten Seehundjagdführer, denen alle Heuler gemeldet werden müssen (Polizeistationen, Kurverwaltungen, Wasserschutz usw. sind darüber unterrichtet), werden immer als erstes versuchen, diese Heuler wieder auf die Mutterbank zu schaffen. Ist das nicht möglich, wird der Heuler nunmehr in die zentrale Aufzuchtstation verbracht.

Die zentrale Aufzuchtstation in Büsum wird den ankommenden Heuler, wenn er noch nicht markiert ist, sofort markieren und in das Nummernbuch eintragen. Die erfahrenen Kräfte der Station werden die Hunde $1/4$ Jahr betreuen. Sie werden anschließend vom Landesjagdverband mit Hilfe der

Jagdführer auf diesen bekannten Mutterbänken ausgesetzt. Dieses seit 1962 durchgeführte Aussetzen war ein bisher überraschend guter Erfolg. Jagdführer trafen Monate später Hunde im Watt, die durch ihr wenig scheues Verhalten und die Markierung als ausgesetzte Hunde kenntlich waren. Eingegangen angetrieben wurde bisher kein gezeichneter Hund.

Wäre auch diese Maßnahme im Augenblick für die Erhaltung des Bestandes nicht nötig, so könnte sie, bei weiterer Entwicklung des Fremdeverkehrs an der Küste, aber bald auch dafür Bedeutung gewinnen.

Durch die ausgesetzten Hunde möchten wir mehr Einblick in das Rudelverhalten und in die Lebensweise des Seehundes bekommen.«

Das sind die Gedanken des Berufsjägers Hans Behnke aus Meldorf in Schleswig-Holstein.

Ähnlich ist auch der Inhalt einer der Zielsetzungen des Forschungsauftrages der Niedersachsen: Erkundung der Biologie des europäischen Seehundes. Aber Krafts Auftrag hat noch eine andere Stoßrichtung: Die Pathologie dieser Robbe, ihre Erkrankungen also und deren Ursachen, gilt es in den Griff zu bekommen. Und da sind wir schon mitten im Komplex der Umwelteinwirkungen, und nicht nur jener, die der unmittelbare Druck der Masse Mensch auf Lebensraum und Verhalten der Seehunde auslöst. Professor Kraft muß sich auch intensiv mit den lebensbedrohenden Auswirkungen der Rückstände unserer Industrie beschäftigen. Stunde um Stunde strömen sie aus Schelde, Maas und Rhein, Ems, Weser und Elbe ungehemmt in die Nordsee und lagern ihre Gifte vor der Küste, an den Badestränden der Inseln und im Watt ab. Als einer der ersten bekommt sie der Seehund zu spüren. Da muß man schon um die Existenz seiner Art bangen, wenn sich der Bestand auch nur um eine halbe Hundertschaft verringern sollte. Man kann diese unheilvolle Entwicklung nicht schwarz genug zeichnen. Der kleinste Aderlaß schon kann bedrohlich werden. Hier noch die Bejagung als Bestandsregulator in Erwägung zu ziehen, ist absurd.

Wie ein kleiner, aber konstant beobachteter, von den Menschen seit Jahrzehnten auch durch Jagd unbehelligter Seehundsverband auf Umwelteinwirkungen reagiert, zeigt mit seltener Klarheit die Tendenz der Populationsentwicklung dieser Robben vor der Insel Helgoland.

Im Niemandsland, zwischen den Fronten der sich feindlich gegenüberliegenden Seehundmenschen, wurde ihre Zahl weder von den Schleswig-Holsteinern noch von den Niedersachsen in die Seehundsbestandaufnahmen einbezogen. Die Aufzeichnungen vom Leben und Sterben der Helgoländer Robben sind deswegen von besonderem Interesse.

Man erfährt etwas von neutraler Seite sozusagen, in diesem Fall von Dr. Gottfried Vauk, dem Leiter der Inselstation Helgoland des Institutes für Vogelforschung »Vogelwarte Helgoland«, das in Wilhelmshaven seinen Sitz hat. Seit 1956 ist Vauk auf der roten Felseninsel, die damals gerade zum Bewohnen freigegeben war. Die Häuser seiner Vogelwarte waren die ersten, die auf dem Oberland wieder errichtet wurden, und seitdem beobachtet er vom Holzturm seines kleinen Institutes durch ein stark vergrößerndes Stativfernrohr die auf den »Seehundsklippen« ruhenden Robben. Gewissenhaft trägt er ab 1958 Daten wie Stückzahlen zusammen und legte ab 1965 eine Chronik der Todesursachen und Verletzungen tot oder krank aufgefundener Tiere an.

Ich war erstaunt darüber, daß es vor Deutschlands Nordseeküste noch einen seit fast zwei Jahrzehnten unbejagten Seehundrudelverband geben sollte. Das klang ja ganz unglaublich. Wie konnte es denn dazu kommen? Da wären ja die Helgoländer Seehunde die ersten in Deutschland total geschützten Robben!

»Sie müssen ja da draußen einen herrlichen Bestand haben!« meinte ich fragend zu Dr. Vauk. Seine Augen schauten mich aus dem wetterzerfurchten Ledergesicht erstaunt an, dann zogen sich seine Mundwinkel nach unten: »Tscha, schön wär's ja ... Wir hätten hier ja alle Voraussetzung dafür, aber wir haben sie auch wieder nicht.«

Und ich erfahre Tatsachen, die meinen kleinen Hoffnungsschimmer rasch verblassen lassen.

»Zuerst einmal: Daß der Seehund hier auf Helgoland nicht geschossen wird, ist genauso eine Kuriosität dieser verrückten, geliebten Insel wie das völlig unnötige Ausbooten der Touristenbesucher, die Zollfreiheit und die Betrunkenen.

Die deutsche Jagdgesetzgebung läßt auf den Seehund nur den Schuß mit der Kugel zu. Auf Helgoland ist aber allein der Schrotschuß erlaubt. So kann auf Helgoland der Seehund nicht bejagt werden.

Wenn Sie nun aber annehmen, das sei seine Lebensrettung hier, dann irren Sie. Wir Menschen haben doch ganz andere Mittel, uns und unsere Mitgeschöpfe umzubringen! Der Bestand der Helgoländer Seehunde wird indirekt von uns reguliert, wir brauchen keine Hand dazu zu rühren. Der Seehund ist das Endglied einer Nahrungskette. Bei ihm wird alles abgelagert, was sich beim Gefressenwerden von Tier zu Tier weiterreicht. Dem Seehund geht es nicht anders als dem Seeadler, der auch die Endstation aller Gifte darstellt.

Die Abwasser der Flüsse bringen Quecksilber, DDT und Cadmium, um nur einige der Gifte zu nennen, in die Nordsee. Das Plankton lädt sich mit ihnen auf. Die Krebschen fressen das Plankton, Fische fressen Krebschen und der Seehund schließlich den Fisch besonders leicht, der kurz vor dem ›Umkippen‹ ist, vollgetankt mit Giften, nur taumelnd noch seinem Jäger zu entkommen sucht. Aber nicht das allein: Ölverschmutzung und starker Parasitenbefall scheinen unserem Rudel ebenfalls hart zuzusetzen.

Helgolands Seehunde tauchen normalerweise nur sehr selten an den Stränden der Insel und der Düne auf. Dann und wann liegen einzelne Tiere auf den Klippen, die in der Nähe des Nordost-Strandes bei Niedrigwasser aus dem Wasser auftauchen. Dies Verhalten ist bei dem starken Kur- und Badebetrieb erklärlich. Die Hunde sind aber nicht auf Insel und Düne angewiesen. Etwa drei Seemeilen nordöstlich von Helgoland tauchen bei normalem Niedrigwasser regelmäßig die sogenannten ›Seehundsklippen‹ aus dem Meer auf. Sie werden von den Seehunden gern zum Ruhen und Sonnen aufgesucht.

Zählte ich dort von meinem Turm aus noch am 8. Oktober 1958 genau 152 Hunde, waren es ein Jahr später am 17. September nur noch 113 Tiere. 1961 ging der Bestand auf 33 Köpfe ganz rapide zurück, erholte sich dann aber bis 1963 und stieg wieder auf 74. 1969 beobachtete ich zum letzten Male eine Zahl, die sich auf dieser Linie hielt: Es lagen 68 Hunde auf den Seehundsklippen. Danach ging es gewaltig bergab mit ihnen: Am 1. Juni 1971 konnte ich ganze 30 Robben zählen und nur 25 mehr waren es ein Jahr drauf.

Welche Faktoren für die abnehmende Tendenz der Kopfzahl maßgeblich sind, kann ich heute noch nicht sagen. Allerdings fand ich in neun Jahren von 1956 bis 1965 nur zwei tote Seehunde an den Stränden Helgolands. Zwischen 1965 und 1972 strandeten dagegen jährlich mehrere Hunde, tote oder schwerkranke, die wir töten mußten. Auffallend war, daß fast alle Ölflecken oder -plaken, viele schwere Bauchwunden und die meisten Fadenwürmer hatten, an denen sie eingegangen waren.

Die tot aufgefundenen Hunde wiesen mehr oder minder schwere Verletzungen an Bauch und Brust auf. Die Wunden gingen stets durch die subcutane Fettschicht hindurch. Diese Risse, oft wie mit dem Messer geschnitten, waren von haarlosen Stellen umgeben. Ich könnte mir denken, daß derartige Verletzungen durch Glas, Blech oder scharfkantiges Plastik, das in die See gekippt und dann auf die Sände getrieben wurde, entstanden. Die Tiere brauchten dann bloß noch da hinüberzurobben und schon hatten sie die Schnittwunden weg. Immer wieder beobachtete ich Hunde auf den Klippen, die große rote Wundflecken am Körper trugen. Dr. Friedrich Goethe, der Chef des Institutes für Vogelforschung, meinte allerdings, daß die Schnittwunden auch von den Bootsschrauben schneller Outborder herrühren können, die die Robben überfuhren, als sie sich vertrauensvoll näherten. Alle toten

Tiere mit den Bauchverletzungen waren nämlich noch Junghunde, die sich leichter den Menschen und Fahrzeugen zu nähern pflegten als die erfahrenen Alten.

Auch die Ölpest geht an den Seehunden Helgolands nicht vorbei. Meist sind es kleine über das ganze Fell verteilte Schmutzflecken. Oft lagen auch zentimeterdicke Ölpolster an Bauch, After und Brust. Solch starke Verölungen können durchaus die Todesursache gewesen sein, zumal in der Umgebung der Verschmutzung alle Haare ausgegangen waren und die Haut Entzündungen aufwies. Die Verunreinigung von See und Sänden scheint auch das Auftreten von Parasiten zu beschleunigen, von Seehundläusen und Fadenwürmern. Erheblich sind die Verluste durch den Fadenwurm. Für mich ist es immer wieder schlimm, zu beobachten, wie sich das von Fadenwürmern befallene Tier quälen muß. Es erscheint vor dem Strand und geht, sobald Ruhe herrscht, an Land. Die Fluchtreaktion — nähere ich mich ihm — wird von Tag zu Tag schwächer, bis sie schließlich gänzlich erlischt. Das kranke Tier röchelt, hustet und kommt selbst bei starker Reizung nicht mehr bis zum Wasser. Eine Tötung ist unvermeidlich.

Wenn ich diese toten Tiere öffne, sehe ich, daß die Bronchien, in manchen Fällen auch die Luftröhre schon, fast gänzlich von zusammengeknäulten Würmern verstopft waren. Ein Tauchen oder gar das Fangen von Fischen ist den befallenen Hunden in diesem Zustand nicht mehr möglich.

Und noch eine Beobachtung zu unserer Population: Es scheint mir sicher, daß die Weibchen auch auf diesen Klippen werfen, da ich im Juni und Juli mehrfach Junghunde mit ihren Müttern sehen konnte. Allerdings würde dies bedeuten, daß die Muttertiere sich mit der Geburt ›zeitlich einrichten‹ können. Bei unruhigem Wetter kann es nämlich auch im Juni und Juli geschehen, daß die ›Seehundsklippen‹ tagelang nicht freifallen.«

Noch kann man sich das Abwandern der Helgoländer Seehunde nicht so recht erklären. Menschliche Störungen scheiden ja nachweisbar als Grund dafür aus. Muß es also am

Lebensraum der Robben liegen, der für die Tiere unwirtlicher wurde. Da die Felsen der Klippe sich nicht veränderten, bleibt nichts anderes, als sich das Wasser und seinen Inhalt anzusehen.

Öl, Gift und Parasitenplage nahmen in der Nordsee seit 1958 bedrohlich zu. Trotzdem ist nicht anzunehmen, daß allein dies die Ursachen für die Verminderung des Helgoländer Rudels von 152 auf 25 Köpfe darstellt. Dr. Vauk hätte dann mit Sicherheit mehr als die zwölf von ihm registrierten toten Hunde an den Stränden und Klippen der Insel in den 15 Jahren gefunden. Wer oder was treibt die Hunde, Helgoland den Rücken zu kehren?

Abgesehen von den deutbaren Lauten der Mutter-Kind-Verständigung wissen wir noch nicht oder erst ganz verschwindend wenig über die Kommunikation zwischen Seehunden. Nach dem heutigen Stand der Forschung ist noch keine Aussage darüber möglich, ob für die Seehunde abnorme Todesfälle von Artgenossen Informationswert haben und sie vielleicht ihr Verhalten danach einrichten. Mit anderen Worten: Wir wissen nicht, ob ein Tier in der Lage ist, den anderen mitzuteilen: »Kommt, laßt uns gehen! Hier ist's nicht ganz geheuer!« Was sich aber im Nu und wie ein Lauffeuer im Rudel »herumspricht«, was alle unüberhörbar vernehmen und hart spüren, das heißt: Hunger!

Nahrungssorgen werden es sein, die die meisten Seehunde zwangen, ihre Jagdgründe vor Helgoland aufzugeben und sich woanders umzusehen. Auf der Klippe werden nur immer so viele Tiere durch Dr. Vauks Fernrohr zu beobachten sein, wie hier ausreichend satt werden. Mit dem Nahrungsangebot schwankt die Größe des Rudels; viele Fische im Meer, viele Hunde auf der Klippe. Standort, Zahl und Arten der Fische, die das Meer dem Seehund zur Jagd anbietet, unterliegen dem Einfluß von Wind, Wetter, Temperatur, Strom und der Verschmutzung. Diesen Zwängen hat er sich unterzuordnen, will er leben. Ob und wie sich der gewaltige Eingriff der Hochseefischerei auf die Beutefische des Seehundes auswirkt, ist noch nicht ergründet. Würden die Küstenfischer mit ihrem von Hans Behnke geschilderten, völlig unbiologischen Gammelfang nicht solch einen Raubbau am Jungbestand der Fische und Garnelen in der Nordsee treiben, Nahrungssorgen brauchten die deutschen Seehunde nicht zu haben. Ja, sie würden sich bei den Fischern für ein solches Entgegenkommen »bedanken« und sich bestens revanchieren: Seehunde nämlich schützen die Brut- und Laicheinstände der meisten Meerestiere, denn sie halten sich bei ihrer Jagd an jene Fischgrößen, die ihren räuberischen Appetit vornehmlich in den Brut- und Laichgebieten stillen. Und um die Unberührtheit dieser Gebiete bangen ja gerade die Fischer.

Ein Jammer, daß man die Jungrobben von der Seehundsklippe nicht weit erkennbar mit Farbtupfen markierte. Sie könnten uns zeigen, wo jetzt der Helgoländer Seehund seinen Fisch holt.

Hagenbecks sechs Robben

Sechs ausgewachsene deutsche Seehunde waren es, die den Anlaß gaben, revolutionierend auf den Kopf zu stellen, was bis zu ihrem Auftritt für Dressur und Haltung wilder Tiere weltweit Gültigkeit besaß.

Im März des Sturm- und Drangjahres 1848 geriet das Sextett vor der Elbemündung Fischern in die Netze, die im Auftrag eines Hamburger Händlers auf Fangfahrt waren. Da die Besatzung laut Kontrakt alles abzuliefern hatte, was sie im Netz an Bord hievte, und der Kapitän sich auch strikt an die Abmachung hielt, warf man weder die Seehunde wieder über Bord, noch schlug man die Robben tot, wie es damals so üblich war.

In Hamburg festgemacht, wurden dem erstaunten Boß die sechs Seehunde vor die Füße gelegt. Der Fischhändler, er hieß Gottfried Clas Carl Hagenbeck, betrachtete den ungewöhnlichen Fang, kratzte nachdenklich an seinem Hinterkopf und sah so in die Runde. Allerhand Volk war da zusammengelaufen. Die Nachbarn drängten sich vor seinem Hause, Vorübergehende blieben stehen, und aus den Fenstern der Petersstraße hingen Mütter und Kinder. Jeder wollte die Seehunde betrachten. Man bestaunte die enorme Größe der Tiere, von denen man ja bei etwas Glück auf See sonst nur die runden Köpfe sah. Man fragte Hagenbeck, ob das vielleicht Walrosse seien oder gar die sagenhaften Meerjungfrauen. Einen kompletten Seehund nämlich hatte um die Mitte des vorigen Jahrhunderts kaum ein Hamburger vor sein Gesicht bekommen. Da kam Gottfried Clas Carl Hagenbeck blitzartig ein zündender und zugleich höchst ertragreicher Gedanke: »Die Tiere sind ja bares Geld! Ich werde meine Seehunde ausstellen, sie gegen Eintritt sehen lassen!«

Wenige Tage drauf äugten aus zwei großen Holzbottichen

die sechs Robben auf den Spielbudenplatz in St. Pauli. Obwohl das Entree den nach heutigen Begriffen lächerlichen Betrag von nur 8 Pfennigen darstellte, — soviel war damals der Hamburger Schilling wert —, machte Gottfried Clas Carl Hagenbeck ein glänzendes Geschäft, sein Name war in aller Munde, man sprach von den Hagenbeckschen Seehunden — und das nicht nur in Hamburg. Bis Berlin verbreitete sich die Kunde von der Robben-Sensation. Und schon setzte der gescheite Clas seine Tiere nach Preußens Hauptstadt in Marsch. An der Spree wurden die Seehunde im Garten des Tiergarten-Etablissments Kroll zur Schau gestellt. Sie brachten gutes Geld. Schließlich übernahm ein Berliner Unternehmer die Tiere für ein hübsches Sümmchen. Nur leider kam von diesem Gelde kein roter Heller bis nach Hamburg: Der Mann und die sechs Seehunde waren plötzlich verschwunden.

Dieser Verkauf ohne Bezahlung hatte aber die Geburtsstunde des Hagenbeckschen Tierhandels eingeläutet. Gottfried Clas Carl Hagenbeck registrierte nicht nur mit wachem Auge das aufkeimende Interesse seiner Mitmenschen an Tieren, er zog auch die richtigen Folgerungen. Der Fischhändler von St. Pauli hatte eine Marktlücke entdeckt: Seehundfangorders gingen an seine Fischkutter hinaus. Die neuen Seehunde jedoch stellte Hagenbeck nicht mehr selbst aus, das hätte auf die Dauer die Struktur seines Handelsgeschäftes zerstört. Er verkaufte die Tiere an reisende Schausteller und die sogenannten Menageristen. Er verkaufte aber nun nicht nur Seehunde. Er sah sich nach anderen Tieren um und intensivierte sein Geschäft durch den Ankauf neuer Arten. Sein Angebot wurde immer bunter, bald reichte es vom Löwen über den Elefanten zum Eisbär.

Tiere halten, wenn auch nur kurzfristig, bedeutet aber, sich mit ihnen beschäftigen müssen, sie gefügig machen. So blieb es gar nicht aus, daß sich mit dem lawinenartigen Wachsen des Betriebes nicht nur Vater Clas, sondern auch seine neun Kinder mit diesen Problemen auseinandersetzen mußten. Die Hagenbecks fütterten nicht nur ihre Tiere und säuberten die Käfige, jedes Familienmitglied wurde durch den täglichen Umgang mit den Neuzugängen unmerklich zum Dompteur. Und Sohn Carl, ein helles Köpfchen wie sein Vater, machte dabei die Erfahrung, daß man auf dem Wege über das Futter einem Tier schneller beibringt, was man will, als wenn man es hetzt und mit Eisenstangen schlägt. Schon als Vierjährigem hatte es ihm immer wieder das größte Vergnügen gemacht, mit einem Hering in der Hand am Rand der Seehundsbottiche hin und her zu laufen und zu sehen, wie ihm die ersten Robben seines Vaters folgten, um den Leckerbissen zu erhaschen. Was der Kleine damals spielend erfuhr, vergaß er sein Leben lang nicht, und zwölf Jahre später sagte ihm der Verstand: Einfühlen in die Seele der Tiere, Kenntnis ihres Verhaltens und Futter als Belohnung für Leistung, das sind die drei Beine, auf denen unser Verhältnis zum Tier stehen muß. Die »zahme« Dressur hatte das Licht der Welt erblickt, ihre Wiege stand 1848 an den Bottichen der Seehunde auf dem Spielbudenplatz von St. Pauli. Langsam aber sicher begann die »wilde« Dressur mit ihrem Inangstversetzen, den Schlägen und Quälereien zu sterben.

Seehunde lagen in der zweiten Hälfte des vorigen Jahrhunderts durch Clas Hagenbecks Schaustellung beim Publikum in Deutschland so hoch im Kurs, wie ihn heute die Delphine nach den »Flipper«-Filmen notieren.

Bezeichnend sind die folgenden Sätze Carl Hagenbecks aus seinen Lebenserinnerungen, die genau den Weg zur »zahmen« Dressur aufzeigen: »Die meiste Arbeit machten uns damals die Seehunde, die in großen Holzkübeln untergebracht waren. Jeden Morgen mußte frühzeitig frisches Wasser in diese Bottiche hineingepumpt werden, und zu diesem Zwecke hatte ich gefälligst unentwegt zwei bis drei Stunden an der Pumpe zu stehen. War die Pumperei endlich fertig, so brachte ich meinen Fischkorb angeschleppt, um die Seehunde einzeln zu füttern.

Frisch angelangten Tieren, die noch scheu und wild waren, warf man das Futter einfach zu, sie wurden jedoch nach wenigen Tagen so zahm, daß sie das Futter aus der Hand nahmen. Nur die älteren Exemplare machten eine Ausnahme und waren nur mit Mühe an das Futter heranzubringen. Wie mein Vater, so hatte auch ich zu den Seehunden eine besondere Zuneigung und besitze sie auch jetzt noch. Etwas Ähnliches muß ich kürzlich einem französischen Reporter erzählt haben. Dieser Herr besaß eine geradezu exotische Phantasie, denn er behauptete in den Zeitungen seines Vaterlandes, ich hätte einmal einen Seehund soweit gebracht, daß er bei meinem Anblick jedesmal laut ›Papa‹ gerufen hätte. Wahr ist nur, daß die Tiere mich genau kannten. Wenn ich morgens auf dem Hofplatz erschien und die Tiere mit dem Ruf: ›Paul, Paul!‹ begrüßte — alle Seehunde wurden nämlich bei uns mit ›Paul‹ tituliert —, reckten alle ihre Hälse und schauten mit ihren dunklen Augen über den Bassinrand. Es waren immer die gewöhnlichen Nordsee-Seehunde, die uns unsere Fischer brachten...

Einmal befand sich auch eine Kegelrobbe darunter, jenes Tier, das uns beinahe in den Stadtgraben entwischte. Daheim wurde es so zahm, daß es mir im Hofe wie ein Hund folgte. Es lernte auch bald aufrecht sitzen, sich im Bassin auf Kommando herumdrehen und manche andere Kunststückchen, wofür es jedesmal mit einem Extrafisch belohnt wurde.«

Sprach jemand Carl Hagenbeck auf Seehunde an, hatte er stets ein offenes Ohr. So auch, als sich ein Mann vorstellte, der als Seehunddresseur bei ihm arbeiten wollte. Carl Hagenbeck erzählt dazu: »Ich hatte gerade fünf schöne Seehunde, und so engagierte ich den Mann, der seine Sache vortrefflich verstand. Nach vier Monate hatten sich die Seehunde in Artisten verwandelt. Sie schlugen das Tamburin, zupften die Guitarre, feuerten Pistolen ab und apportierten Gegenstände, die ins Wasser geworfen wurden. Später erwarb Zirkus Barnum die Gruppe für 2500 Dollar. Es war das beste Seehundsgeschäft, welches ich bisher gemacht hatte.«

Norddeutsche Seehunde in der Zirkusmanege kennt heute niemand mehr. Sie wichen längst dem weit mehr attraktiven, schnellen und wendigen kalifornischen Seelöwen, dessen schmale, lange Schädelform auch auf höhere Intelligenz hinzuweisen scheint. Dieser Eindruck allerdings täuscht. Die Lernfähigkeit eines dicken Seehundes ist um keinen Deut geringer als die seines schlanken Vetters aus Amerika, nur kann man von seinem Walzenkörper keine Jongleur- oder Balancierstückchen erwarten. Seehunde an Land sind unbeholfen. Ihr Körperbau verwehrt es ihnen, wie andere Tiere die Füße zum Laufen zu benutzen. Sie werden auf dem Trokkenen beim Robben nur so nachgezogen. Seelöwen dagegen können rasch watschelnd marschieren und den Oberkörper auf ihren Hinterbeinen senkrecht stellen, ohne Hilfsmittel zu benutzen. Sie können sogar in dieser aufrechten Haltung laufen, was für den Seehund, der nur mit Hilfe seiner kurzen Hände den Vorderleib etwas anzuheben vermag, ganz unmöglich ist. Daß der Mensch es trotzdem fertigbrachte, diese kurzen, aber gelenkigen Gliedmaßen für Zirkustricks zu aktivieren, grenzt an ein Wunder und spricht zudem für die Intelligenz der Seehunde.

Musik-Test mit Seehunden

Etwas anderes aber noch läßt Seehunde »dümmer« erscheinen, als sie sind: Sie haben den Gebrauch ihrer Stimme fast gänzlich vergessen. Bei sozialen Auseinandersetzungen nur oder bei der Warnung ihres Rudels kann es ausnahmsweise einmal vorkommen, daß sie heiser aufbellen, oder in höchster Not während der Abwehr menschlicher Angriffe. Sonst sind die Tiere stumm. Seelöwen jeden Lebensalters »reden« weit mehr und äußern alle Augenblicke laut ihre Stimmungen. Seehunde sind die großen Schweiger unter allen Robben, obwohl sie in den ersten Wochen ihrer Kindheit ausgiebig fordernd, klagend und heulend sich vernehmen lassen. Aber: Wer schweigt, hört besser. Seehundjagdführer berichten, daß diese Robben das Tuckern eines Motorbootes, das ständig nur Badegäste zur Beobachtung an ihre Stände bringt, von dem des Jägers genau zu unterscheiden wissen. Das Verhalten der Hunde beweist die Richtigkeit dieser Wahrnehmung: Neugierig tauchen ihre Köpfe aus dem Wasser, naht das Touristenboot — und zu Fotos von ihnen zu kommen, ist nicht schwer. Auf Kilometer aber schon verschwinden sie in dem selben Revier, hören sie nur aus der Ferne den Motor des Jagdbootes, sie brauchen es noch nicht einmal zu sehen.

Besonders lebhaft reagieren die Seehunde auf Musik. Wahrscheinlich allerdings nicht deswegen, weil sie so ungeheuer musikalisch sind, sondern weil — wie manche Robbenforscher glauben — ungewohnte und für sie nicht erklärliche Töne ihre Neugier so stark erregen.

Christian Eisbein, Wattführer an der Nordsee zwischen Norden und Bensersiel, erzählt, es sei ihm bei Wattwanderungen, die er mit Feriengästen unternimmt, aufgefallen, daß Seehunde Musik lieben müßten. Immer wenn einer seiner Gäste ein spielendes Transistorgerät bei sich gehabt hätte, wären die Tiere aus dem Wasser aufgetaucht und sogar den Menschen gefolgt. Eisbein teilte seine Beobachtung Dr. Kurt Ehlers in Bremerhaven mit. Den alten Seehund-Spezialisten faszinierte diese Nachricht so, daß er beschloß, sofort einen Musik-Test mit seinen Seehunden zu starten:

»Obgleich ich mich bisher nie um dieses Musik-Phänomen bei Robben gekümmert hatte, reizte es jetzt, eigene Versuche zu machen. Zur Zeit leben im Seehundbecken drei Tiere. Morgens, wenn noch keine Besucher umhergehen, so sagte ich mir, wird für diese Art Versuche die beste Zeit sein. So wurde auf die Begrenzungsmauer ein Transistorgerät gestellt und eingeschaltet. Gespielt wurde Händel. Ich hatte mich den Tieren nicht gezeigt, sondern bezog, versteckt hinter einer Felsenzacke, Position. Alle drei Seehunde schwammen im Becken ihre Runden. Die Musik ertönte klar. Schon nach wenigen Minuten beendete der erste Seehund sein Schwimmen. Er richtete sich auf, um dann zu dem Gerät heraufzuspringen. Inzwischen hatten auch die beiden anderen Gehegegenossen das Schwimmen eingestellt und waren aufmerksam geworden.

Und dann bot sich mir ein Bild, das ich ebenso ungläubig wie schmunzelnd betrachtete. Alle drei Seehunde setzten sich nebeneinander und lauschten stumm und ›wohlerzogen‹ der Musik, bis sie nach etwa drei Minuten beendet war. Dann verließen sie ›ihre Plätze‹ und schwammen umher. In der Folge von zehn Versuchen habe ich nie wieder alle drei gemeinsam sitzend als Zuhörer gehabt. Dreimal lauschten zwei der Tiere in gleicher Art, während bei den übrigen sechs Darbietungen wohl Interesse und Aufmerksamkeit vorhanden waren, aber keine ›Hingabe‹. Ob, ohne die Dinge überspitzen zu wollen, die Art der Musik auch einen Einfluß haben kann, möchte ich nach diesen wenigen Proben nicht beantworten. Nur soviel glaube ich schon jetzt sagen zu dürfen, Musik scheint Seehunden mehr zu sein als nur ein Neugierde erweckendes, fremdartiges Geräusch.«

Dr. Erna Mohr zitiert in ihrer Robbenmonologie die Beobachtungen eines jungen Mannes, die die Erlebnisse von Dr. Ehlers und Christian Eisbein ergänzen: Peter Smidt 1936, der sicher keine Ahnung davon hatte, daß die Musikliebe der Robben immerhin ein gewisses Problem ist, schreibt, wie er auf einer Sandbank beim Memmert die Seehunde durch Nachahmen der Robbenbewegungen so neugierig gemacht hatte, daß sie in den Priel gingen, der seinen Liegeplatz von der Robbenplate trennte, und ihm entgegenschwammen. »Dieses Gebahren entwickelte sich zu einer spukhaften Possenreißerei auf der herbstlich stillen Wasserfläche, als ich — mir schoß es so durch den Sinn — den ›Brautzug‹ aus dem Lohengrin zu pfeifen begann. Die Melodie wirkte derart ansprechend, daß Seemännchen und -weibchen die speckigen Hälse reckten, so hoch sie konnten. Diese verwunderliche Art eines Jägers schien ihnen neu und unterhaltsam. Es hob ein wahrer Tanz an. Ein Auf- und Abschießen, übermütiges Dümpeln, Wasserplantschen und Prustekonzert bezeugten mir Beifall. Die treuen dunkel schimmernden Augenperlen waren mir dankbar entgegengerichtet... Die bärtigen Spukgestalten kamen immer näher und starrten mich an wie ein siebentes Weltwunder.«

»Bärtige Spukgestalten« — das wurde 1936 notiert. Wenn man sich also heute noch trotz besseren Wissens eines irrealen Eindrucks beim Erscheinen dieser Amphibien nicht erwehren kann, was Wunder, daß »die Alten« vor Hunderten und noch mehr Jahren in Robben übernatürliche Wesen sahen, begegneten sie ihnen an unwirtlichen Gestaden. Auf Jahrmarktschaustellungen noch bis in unser Jahrhundert hinein bediente man sich gar zu gern der Seehunde und anderer Robben, um sie einem erstaunten und unwissenden Publikum als Nixen, Undinen, Najaden, Meerweiber, Meermönche oder Seejungfrauen vorzuführen. Wesen, die imstande sind, sowohl im Wasser wie auch auf dem Lande zu existieren, regten schon immer aufs höchste die Phantasie der Menschen an und ihre forschende Neugier.

Wie kann man als Robbe im Meer Fische fangen, ohne

daß einem dabei gleich der ganze Bauch voll Wasser läuft? Was macht ein Seehund, wenn er Durst hat? Wie lange kann ein Seehund unter Wasser bleiben? Wie kann man als Lungenatmer in der See schlafen, ohne zu ertrinken?

Vier ganz simple Fragen aus dem täglichen Leben eines Meeressäugetiers, vier Fragen, die jedes Kind seinem Vater am Seehundbecken eines Zoologischen Gartens morgen schon stellen könnte. Würde das Kind von seinem aufgeklärten Vater treffende Antworten erhalten? Er könnte seinem Sprößling höchstwahrscheinlich bis ins Detail das Ankopplungsmanöver einer Mondfähre erklären. Aber wer weiß schon was vom Seehund?

Die Robbenforscher aus der Zeit von Clas und Carl Hagenbeck hatten bereits die Antworten parat.

Öffnet der Seehund bei der Unterwasserjagd fangbereit seinen Mund, legt sich automatisch der Zungenrücken gegen den Gaumen und verschließt den Rachen hermetisch. Das fischende Tier schluckt keinen Tropfen. Kleine Beute, die im Mund Platz hat, kann der Seehund, ohne aufzutauchen, unter Wasser zu sich nehmen. Mit der Zunge preßt er das Wasser aus dem Mundraum zu den Mundwinkeln hinaus, hält dabei den Fisch zurück und schluckt ihn dann im Ganzen. Zerkaut wird keine Beute. Die Zähne dienen nur zum Festhalten, die Zerkleinerung besorgt allein der Magen mit seinen scharfen Säften. Große Fische, die aus dem Mund herausragen, müssen nach oben transportiert werden. Hier reckt der Seehund seinen Kopf zum Himmel, bringt den Fisch in die Senkrechte und läßt ihn in den Schlund hinabgleiten.

Noch niemals sah man einen Seehund Wasser trinken. Ein Notfall nur wird aus Kanada berichtet. Vier Seehunde transportierte man in einem sehr heißen Wagen nach Toronto. Sie tranken gierig Wasser, wo man es ihnen reichte. Seehunde brauchen auch gar nicht zu trinken. Ihnen genügt der Wasseranteil in der Nahrung vollauf. Und bei Fischen, Krebsen und anderem Seegetier beträgt er immerhin an die 80 %. Die einzigen Trinker bei den Robben sind die Säuglinge. Bei ihnen aber sorgt eine weise Einrichtung dafür, daß sich ja kein Tröpfchen Wasser in die fette Muttermilch mengt. Eine Seehundzunge ist derart geformt, daß der Säugling mit ihr auch unter Wasser die mütterliche Zitze so dicht umschließen kann, daß er ohne »Wassereinbruch« nur die reine Milch in sich hineinsaugt. Der Zungenvorderrand weist zu diesem Zweck eine tiefe Kerbe auf, die seitlichen Ränder der Zunge sind ergänzend hochgewölbt — und das Saugrohr ist perfekt. In der Regel wird an Land gesäugt, meinen Wissenschaftler. Jäger neigen dazu, diesen Akt im seichten Wasser unter der Oberfläche anzusetzen. Dem Seehund kann egal sein, was sie denken: Ihm ist ja beides möglich.

Seehunde können lange tauchen, länger als alle anderen Robben. Unter Zwang bei der Verfolgung durch den Menschen sind Atempausen um die halbe Stunde herum durchaus keine Seltenheit. 21 Minuten stellte man bei einer Ringelrobbe fest, der kleineren Verwandten des Seehundes. In der Regel aber bleiben Seehunde, zum Beispiel, wenn sie ungestört jagen, im Turnus an die fünf Minuten unter Wasser, um für eine halbe Minute Luft zu holen und dann wieder auf Beutefang zu gehen. Wenn wir Menschen tauchen ohne Hilfsgeräte, müssen wir die Luft anhalten. Das hat kein Seehund nötig. Seine Nasenlöcher schließen sich beim Tauchen ganz von selbst wie auch die Ohrlöcher. Das Ausatmen haben die Tiere wieder in ihrem Belieben. Sie können auch sehr gut in der See ihr Bett machen und sich zum Schlafen einrichten. Sie haben da drei Möglichkeiten. Einmal hängen sie ihren Körper horizontal und bäuchlings so in die Wasseroberfläche, daß nur ihr Rücken zu sehen ist. Kopf und Füße baumeln unter Wasser. Geht der Lunge der Luftvorrat aus, meldet sie den Zustand ans Zentralnervensystem, und ein Reflex läßt den Kopf zum Atmen sich heben. Ein Seehund kann sich zum Schlafen auch senkrecht ins Wasser stellen. Die Entfernung zwischen seinem Kopf und der Wasseroberfläche variiert dabei zwischen einem Meter und wenigen Zentimetern. Zum Luftholen lassen die Reflexe das Tier wie einen Fahrstuhl langsam nach oben steigen und genauso wieder hinuntergleiten, wenn der Vorgang beendet ist. Der Schwebezustand im Wasser stellt sich automatisch ein. Selbst muß der Seehund nur entscheiden, ob er in der Senkrechten oder lieber liegend schlafen möchte. Mehrere Minuten lang vermögen die Robben beim Schlafen unter Wasser zu bleiben. Das Auftauchen zum Atmen übrigens unterbricht den Schlaf der Tiere nicht. Manche Seehunde, meist sind es ältere Exemplare, haben es sich angewöhnt, im flachen Wasser auf dem Grund zu schlafen. Ihnen scheint es zu genügen, alle **halbe Stunde einmal nach** oben zu kommen, um wieder Luft zu tanken.

Robbenschläger und Grönlandfahrer

Das Wissen von der Anatomie und Physiologie der Seehunde komplettierte sich im Laufe dieses Jahrhunderts. Vom eigentlichen Verhalten unserer deutschen Robbe aber kennen wir noch wenig. Hier steht die Forschung noch am Anfang.

Was man bereits vor rund zweihundert Jahren über Robben und die Seehunde ganz speziell in Erfahrung gebracht hatte, schlug sich im 10. Band der »Unterhaltungen aus der Naturgeschichte« nieder, die der Diakonus Wilhelm 1794 zu Augsburg niedergeschrieben hatte. Vierzig Jahre später erlebte dieser Vorläufer des »Brehm« seine zweite Auflage. In ihr zu lesen, ist so interessant und ergötzlich, daß es sich lohnt, die aufschlußreichen Seiten, die sich mit dem Leben der Robben befassen, ungekürzt wiederzugeben:

»Leicht könnte man auf den Gedanken kommen, die Robben, zu denen uns jetzt unsre Unterhaltungen führen, möchten zu den unbedeutendern Säugethieren gehören, und es werde nur wenig der Aufmerksamkeit Würdiges sich von ihnen sagen lassen. Auch scheint ihr höchst unförmlicher, krüppelhaft aussehender Körper, ihr unbehilflicher Gang und ihr größtentheils auf die unwirthbarsten und freudlosesten Gegenden der Erde beschränkter Aufenthalt diese Vermuthung zu bestätigen. Aber unendlich wichtiger, als für uns unser nützliches Rindvieh oder unsre Schafe und Ziegen seyn mögen, ist dieses mit Unrecht verachtete Thiergeschlecht für manche Völkerschaft; ist ihr beinahe Einziges und Alles auf den öden, fast vegetationslosen Küsten und Inseln der nördlichsten Erde. Hier, wo seit einer langen Reihe von Generationen zahllose Familien der Polarvölker hausen, würde ein langdauernder, gewöhnlich furchtbarer Winter allem Leben ein Ende machen, hätte nicht die gütige Natur ihren dortigen Kindern zwei Gaben verliehen, die alle Bedürfnisse dieser einfachen Naturmenschen hinreichend befriedigen. — Diese Gaben sind Treibholz und Robben oder Seehunde.

Gerade ausgestreckte Hinterfüße und durch eine Schwimmhaut verbundene Zehen sind der Charakter der Robbengattung, von der man bereits mehr als zwölf Arten kennt. In der obern Kinnlade der Robben befinden sich sechs, und in der untern vier spitzige Vorderzähne ungleicher Größe. Außer diesen haben sie lange, spitzige und gekrümmte Eckzähne und dreizackige Backenzähne. Ihre Zunge ist gespalten. Einigen fehlen äußere Ohren gänzlich, andre haben welche, aber sehr klein. Im Kopf der Robben hat man eine Ähnlichkeit mit einem Hundekopf zu finden geglaubt, was bei den Einen mehr, bei den Andern weniger der Fall ist, und daher dem ganzen Geschlecht zuweilen den gemeinschaftlichen Namen Seehunde gegeben.

So verschieden auch die Gestalt der Robben ist, so haben sie doch in ihrem Bau und in ihrer Lebensweise sehr viel miteinander gemein, und nur die Größe, der Wuchs, die Farbe, der Aufenthalt unterscheidet die, welche die Natur durch Sitten, Nahrung und Instinct verbunden hat. Schneidet man einem Hunde die Ohren glatt ab, so wird sein Kopf an den Kopf einiger Robben erinnern. Ihn schmücken gemeiniglich ein starker Knebelbart und kleine Haarbüschel über der Nase und den Augen, die nicht ohne Geist und Feuer sind. Alles vereinigt sich bei ihnen, um den Aufenthalt im Wasser ihnen unschädlich zu machen, sie aber auch in den Stand zu setzen, am Lande zu leben. Schon ihr Auge verdient in dieser Rücksicht die höchste Bewunderung durch eine Einrichtung, vermöge der sie durch die Luft eben so gut, als durch das Wasser sehen, und willkürlich den Durchmesser ihres Augens erweitern und verengen, in die Höhe, oder in die Breite ausdehnen können. Wollen sie durch die Luft sehen, so verlängern sie die Achse des mittlern Theils des Auges und wölben die Hornhaut; verkürzen aber diese Achse, sobald sie unter dem Wasser Gebrauch von ihrem Gesicht machen und geben dem Auge die Gestalt eines Fischauges. Außerdem gab ihnen der

Schöpfer eine Fleischhaut, mit der sie, wenn sie wollen, die Augenhöhlen im Wasser ganz verschließen können, verwahrte ihre Ohren, oder vielmehr die Öffnungen der Gehörgänge mit Fallthüren, den Rachen aber mit festaufeinander schließenden Zähnen und dicken, fleischernen Lippen, die nicht einen Tropfen Wasser durchlassen. Hiezu kommt noch ihre vorn und an den Seiten geschlitzte Zunge, die gleichfalls in die Höhlungen der Zähne einpaßt, um den Damm gegen das Wasser zu verstärken, und kräftige Muskeln, die die Nasenlöcher zusammenziehen. Auch das Vermögen, einige Zeit ohne Athemholen zu leben, die Füße, die zum Rudern und zum Gehen, die Klauen, die zum Klettern dienen, und die glatten, spröden, dicht aufeinanderschließenden Haare, die durchaus keine Nässe annehmen, zeugen von einer weisen und gütigen Sorgfalt für die Erhaltung dieser Thiere. Fünf Zehen, jede mit einer starken, rückwärts gekrümmten Klaue, haben die Füße der Robben. Eine starke Schwimmhaut verbindet sie untereinander. An den vordern Füßen, oder wenn wir wollen, Armen, steckt der Arm mit dem Ellbogen unter der Haut, so daß eigentlich nur der Mittel- und Vorderfuß hervorragen, und zwischen den Zehen der hintern befindet sich auch eine Haut, die sie zwar hindert, sich weit von einander zu sperren, im Schwimmen aber die besten Dienste leistet. So treffliche Schwimmer auch die Robben sind, so wird ihnen dagegen das Gehen etwas sauer, denn sie müssen sich damit fortzuhelfen suchen, daß sie mit den Klauen der Vorderfüße sich in die Erde einhauen und so das Hinterteil ihres Körpers nachziehen. Eben darum ist auch ihr Gang bei der Unbehilflichkeit der Hinterfüße etwas schleppend und kreuzlahm, aber doch immer noch geschwinder, als man bei ihrem Baue vermuthen sollte. Die Geschicklichkeit einiger Robben im Klettern verdient die höchste Verwunderung. Glücklich ersteigen sie jene ungeheueren Massen, die als bewegliche Eisfelsen in den nordischen Meeren schwimmen, und machen auf ihnen große Reisen. Ihr von dem ziemlich dicken, runzligem Halse an nach hinten verloren zugehender Leib ist, in Absicht auf Größe, Schwere, Fettigkeit und Farbe, höchst verschieden. Man findet Robben von vier bis zu zwanzig Schuh lang, und einer Schwere, die von fünfzig Pfund bis mehrere Centner steigt. Manche gleichen einem mit Fett gefüllten Schlauche. Sie sind sehr vollblütig, haben einen kleinen, zuweilen mit den Hinterfüßen fest verwachsnen Schwanz und einen höchst verschiedenen Anzug.

So gutmüthige Thiere auch die Robben sind, so wild und grimmig werden sie doch in ihrer Begattungszeit. Sie begeben sich dann ans Land. Hier hält das Weibchen sein Wochenbette und säugt seine zwei oder drei Junge stehend. Fünfzehn Monate soll es sie am Land ernähren, dann aber sie im Schwimmen zu unterrichten anfangen, und die noch ungeübten oder ermüdeten auf den Rücken nehmen. Mit einer Zärtlichkeit, die bei drohender Gefahr in Wuth übergeht, liebt die Mutter ihre Jungen und kämpft für ihre Sicherheit. Aber auch sie erwidern diese Liebe, folgen ihrem Rufe pünktlich, und sind so an ihre Mutter gewöhnt, daß sie sich todt hungern, wenn man ihnen diese entreißt. Ihre Stimme gleicht dem Myauen der Katzen; die Stimme der Alten aber dem heisern Bellen eines Hundes. Sehr fest und stark ist der Schlaf der Robben. Sie schnarchen so laut, daß man sie ziemlich weit hören kann. Gewitterfurcht kennen sie nicht, im Gegentheil scheinen sie Donner und Blitz zu lieben. Gewürme, Fische, Gewächse sind ihre Nahrung. Man kann ihnen Genügsamkeit nicht absprechen.

Die Robben leben untereinander friedlich, besonders soll ihre Ehe mustermäßig seyn. In Gefahren stehen sie einander treulich bei und wehren sich muthig ihrer Haut. Man kann sie leicht abrichten, so daß sie auf ein gegebnes Zeichen herbei kommen, die Hand lecken noch deren mehr. Wahrscheinlich erreichen sie ein sehr hohes Alter. Ihr Leben ist wenigstens außerordentlich zäh, und selbst nach den fürchterlichsten Streichen auf den Kopf und beträchtlichem Blutverluste leben und bewegen sie sich noch geraume Zeit. Oft beißen sie einen starken Prügel entzwei und verwunden ihre Jäger.

Ihre Heimat sind gemeinliglich die nördlichen Meere. Auch in süßen Gewässern, in den Mündungen großer Flüsse findet man sie. Ungmein häufig sind sie im Baikalsee, im caspischen Meere. Oft ist der in seinen Hoffnungen getäuschte Walfischfahrer, um doch nicht ganz mit leerer Hand zurückzukehren, genötigt, nur so im Vorbeigehen einige hundert Robben, deren er immer, so viel er nur will, haben kann, zu tödten, die ohne sein Unstern das Leben behalten haben würden. Ihre Felle und der aus ihrem Fett gewonnene Thran müssen ihm einiger Maßen zur Entschädigung für seine mißlungene Unternehmung dienen. Höchst verderblich wird den Robben ihre Neugierde. So wie sie eine Helle in der Ferne sehen, oder ein Schiff sich nähert, oder ein ungewöhnlicher Ton sich hören läßt, so erheben sie sich aus dem Wasser, und blicken vorwitzig umher. Diese Unart benützen die, die ihnen nachstellen. Sie erheben nämlich ein gewaltiges Geschrei. Lauschend strecken sie nun den Kopf in die Höhe. In diesem Augenblick erhalten sie einen betäubenden Schlag. Mühsam versuchen sie nun, nach demjenigen hinzuwackeln, der ihnen den Schlag gab. Sie speien ihm ihren stinkenden Geifer ins Gesicht. Aber wiederholte Streiche endigen ihre ohnmächtigen Versuche. Zwar eilen nun viele herbei, um ihren bedrängten Brüdern Hilfe zu leisten; allein auch sie werden das Opfer ihrer Treue.

An der Ostsee lebt eine eigne Innung von Menschen, die man Robbenschläger nennt. Auf nackten, unwirthbaren Klippen, die aus der See hervorragen, wohnen sie in elenden Hütten, die, wenn sie alt und unbrauchbar sind, von ihnen zu Kohlen gebrannt und verkauft werden. Robbenjagd und Fischerei gibt ihnen alles, was sie bedürfen. Mit größter Lebensgefahr klettern sie auf die Eisschollen, auf denen die Robben sich sonnen. Sie legen sich in ein weißes Tuch gehüllt irgend wo hin und ahmen die Stimme der Robben nach. Oder sie kleiden sich auch ganz in solche Häute. Die Robbe, die ihresgleichen zu riechen und zu hören glaubt, und jenes Tuch für Schnee ansieht, nähert sich und wird mit einem Schusse oder Keulenschlage empfangen. Eine Menge Zeugen stimmen in der Versicherung überein, daß die Robben, wenn sie gefangen werden, häufige Thränen vergießen. Wenn sie sich wegen Verfolgung ins Wasser stürzen, so geschieht das immer mit dem Kopf zuerst.

Am gemeinsten und weitesten verbreitet unter allen Robben ist wohl der gemeine Seehund. Denn obgleich er im Norden eigentlich zu Hause ist, so kommt er dennoch auch in andere Gegenden, an die Küsten Deutschlands, in die Nähe der canarischen Inseln, ans Vorgebirg der guten Hoffnung. Pallas fand ihn am Baikalsee von vorzüglicher Größe und Fettigkeit. Gemeiniglich gleicht er in der Größe einem Kalbe, kann aber auch sechs Fuß lang und darüber werden. Sein Kopf, mit der kurzen Schnauze, und seine bellende Stimme geben seinem Namen einige Wahrheit. Von Ohren ist nichts bei ihm zu sehen. Dick, kurz, runzlig ist sein Hals, kegelförmig der ziemlich starke Leib. Die kurzen Vorderfüße haben fünf Zehen mit langen, ungleichen Klauen. Von den Hinterfüßen geht sehr nahe an dem dazwischen liegenden kurzen Schwanze nur die Ferse und das Fußblatt aus dem Leibe heraus. Eine lederartige Schwimmhaut verbindet die Zehen aller vier stark behaarten Füße. Den Leib bedeckt ein dunkelbraunes, weiß gesprengtes, kurzes und dichtes Haar, das immer trocken bleibt. Am Unterleibe ist es heller. Bei einigen ist es so weich und fein, daß es dem Haare der Fischottern gleich kommt. Auch die Farbe, ja selbst die Form des Körpers und zumal des Halses zeigt manche Verschiedenheit, wie wir an dem Seehunde sehen, der mehr perlgrau und gefleckt ist. Im Winter zieht er den Aufenthalt im Meere dem Lande vor, wo er im Sommer seine meiste Zeit zubringt. Auch wenn er am Lande liegt, hat er die Nase immer nach der Seegegend gerichtet. Durch seinen warmen Athem erhält er im Eisklumpen eine Höhle, in der er wohnen kann, auch scheint dieser das Mittel zu seyn, um durch die Eisrinde ein Loch zu machen, durch das er die Nase, um Athem zu holen, empor halten kann. Klippen und Eisschollen sind sein liebstes Lager. Hier sonnt er sich und schläft. Aber nicht selten ist das sein Todesschlaf, aus dem er nur für einen Augenblick durch Keulenschläge geweckt wird, um dem Tod ganz in die Arme zu sinken. Wir sehen in der Abbildung eine Scene des Seehundsfanges. Im Vordergrund liegt einer und sonnt sich. Nicht weit von ihm recken ein Paar ihren Kopf aus dem Wasser heraus. Sie thun es theils um Athem zu schöpfen, theils um zu beobachten, was das Geschrei, das die Seehundsfänger zu ihrem großen Schaden erhoben haben, bedeute. Schon das allein bezahlen sie oft mit ihrem Leben. Weiter rückwärts haben ihre Feinde durch ein Netz eine Bay umstellt, in der sich Seehunde befinden. Die aufgejagten Thiere wollen über die Schranken springen; aber hier werden sie bereits von den Männern in den Booten erwartet, die sie todtschlagen. Das nämliche Schicksal haben, wie wir sehen, die, die sich am Lande finden lassen, wobei es an ein Springen und Hüpfen geht. Im Hintergrunde sehen wir einen Grönlandfahrer, wie sie in Hamburg und an andern Orten blos zum Seehundsfange ausgerüstet werden. Er erwartet seine Ladung. Nicht ohne Gewinn ist die Seehundsjagd. Das Fleisch ist gut, saftig und fett. Man vergleicht es mit dem Schwarzwildprett. Das von den Jungen soll ein wahrer Lekkerbissen seyn. Das Fett gibt Oel, das man wie gutes Baumoel brauchen kann. Nicht nur zum Brennen, sondern auch zur Bereitung des Leders ist es von vorzüglichem Werth. Die Russen brauchen es von den Seehunden, die sie im Baikalsee fangen, zu ihrem vortrefflichen Juchtenleder. Die Haut wird zu Kofferüberzügen, Reittaschen, Stiefeln gebraucht. Aus dem feinern von ganz jungen Seehunden macht man Mützen, auch schönes Maroquin. Hüte aus Seehundshaut empfehlen sich vorzüglich durch einen schönen Glanz und dadurch, daß sie die Nässe nicht einsaugen, sind jedoch etwas schwer. Aber dies allein würde in der That dem Seehunde noch keinen großen Werth geben, wäre er nicht von größerer Wichtigkeit für die finnischen Insulaner, die Grönländer, die Esquimaur. Sie nähren sich beinahe nur mit seinem Fleisch, kleiden sich in sein Fell, decken damit ihre Sommerwohnungen, machen aus ihm ihre Fischerboote, überziehen damit ihre Schlitten, verfertigen aus den Knochen Jagdgeräthe. Die Därme der Seehunde sind ihre Fensterscheiben, ihr Fett nährt ihre Thranlampe und erleuchtet ihren langen Winter. Wenn nur die Thranblase nie leer wird, aus der sie so gern einen Schluck thun, so lassen sie uns auch wohl die kostbarsten Weine. Unsere Cattune, Seidenzeuge, Manchester können sie wohl entbehren; denn ihre Seehundshaut gibt ihnen Mütze, Hemd, Rock, Stiefel, und sie dürfen nicht erst mühsam Hanf oder Flachs bauen, um Zwirn zu bekommen, weil die Sehnen dieses Geschöpfs den haltbarsten Faden geben. Nie wird ihnen sein Fleisch zum Ekel, sie mögen es frisch oder geräuchert genießen, und ihre Speisekammer hat immer Vorrath. Haben sie Schläuche, Riemen, kleines Hausgeräthe nöthig, ihr Seehund läßt sie gewiß nicht unberathen. Leicht verstreichen ihre Stunden durch die Jagd des Seehundes, und die Geschicklichkeit in derselben macht ihren Stolz und die Freude ihres Lebens. Geht ihnen sonst noch etwas ab, das sie bedürfen, so handeln sie es ein, und die Felle und der Thran dieser Thiere sind die Münze, in der sie den Fremdling bezahlen. Mit Pfeilen, Harpunen, Keulen, aber auch mit List fangen diese Nationen den Seehund. Wenn er im Frühlinge aus seiner Eishöhle kommt, so zieht der hinter derselben Lauernde ein Brett vor, um den Eingang zu versperren. Oder der Samojede nähert sich in einem Schlitten, vor dem ein schneeweißes Segel ausgespannt ist, dem Orte, wo der Seehund die ersten Strahlen der Frühlingssonne froh genießt. Das arme Thier sieht das Segel für einen treibenden Eisschollen an, und es bezahlt die Täuschung mit seinem Leben.«

Ein Forschungsauftrag

Im Mai 1971 — Professor Helmut Kraft sagt: »Fünf Minuten vor Zwölf!« startet endlich die schon so lange geforderte Erkundung des deutschen Seehundes. Seine Untersuchungen im Rahmen dieses Forschungsauftrages beginnt der Münchener Wissenschaftler mit Vermessungen von Heulern in der Aufzuchtstation des Wilhelmshavener Senckenberg-Instituts. Seehundszählungen aus der Luft im Raume zwischen Borkum und Cuxhaven sollen sich anschließen und Koordinationsgespräche mit holländischen Seehundforschern folgen.

Seehunde erblicken nach einer Embryonalentwicklung von elf Monaten in ihrer Mehrzahl im Juni das Licht der Wattenwelt, Nachzügler trödeln noch bis Mitte Juli, ja sogar in die ersten Tage des August hinein.

Der Termin für eine Zählung der Tiere ist damit festgelegt. Wer in Erfahrung bringen will, wie stark eine Population des europäischen Seehundes vor Deutschlands Küste ist, muß sich also in den ersten Juliwochen in die Lüfte schwingen, um aus der Vogelperspektive seinen Blick in die Seehundswochenstuben werfen zu können. Nur vom Flugzeug aus ist es nämlich möglich, zu einwandfreien Zahlen zu kommen. Aber man kann nicht so einfach fliegen, wann man will. Allein die Zeit der Tiefebbe eignet sich für ein solches Unternehmen, wenn sich die Sände bei Niedrigwasser für kurze Stunden in ihrer vollen Ausdehnung über den abgesunkenen Wasserspiegel erheben. Kein Seehund nämlich wird sich dieses lockenden Siesta-Angebotes entziehen. Alles, was robben kann an Deutschlands Nordseeküste, rekelt sich zu dieser Zeit faul auf den Bänken — und das ist das gesamte Seehundsaufgebot.

Seitdem man gelernt hat, das Flugzeug als mobilen Hochsitz für Tierzählungen einzusetzen, liegen seit Mitte der sechziger Jahre authentische Zahlen auch über die Seehunde an Deutschlands Küsten vor.

Auch Professor Krafts Bestandsaufnahme kann diesen Terminen und Beobachtungsmethoden nicht ausweichen.

Ende Juni fährt er von München nach Wilhelmshaven und schlägt sein Hauptquartier in einem kleinen Holzhäuschen der Hafenverwaltung auf der Schleuseninsel hinterm Jadedeich auf. Bis zur Heulerstation hinüber sind es nur ein paar Minuten. Professor Kraft ist nicht allein gekommen. Er hat sich einen Tierarzt mitgebracht, der über das Verhalten der Seehunde seine Doktorarbeit machen will. Der junge Mann ist Bayer wie sein Chef: Ekkehard Wipper aus Kolbermoor bei Bad Aibling.

Die »Seehundsmutter« von Wilhelmshaven, Frau Dr. Mariane Reineck, beschrieb mir den Weg zur Behausung der Wissenschaftler. Jetzt führt mich der Jadedeich in sanftem Bogen zu ihnen; rechts Wasser, links die Schleuseninsel mit ihren alten grauen Marine-Arsenalbauten. Es duftete nach Wiese. Aus dem kleinen Becken der Aufzuchtstation zu Füßen des Deiches plätschert es heftig zu mir herauf. Sechs Junghunde toben im Wasser. Es ist noch früh an diesem herrlichen Sommertag. Aber trotz der zeitigen Stunde sind die Heuler schon satt. Man merkt ihnen akustisch nicht an, daß sie Heuler sind, sie haben nichts zu beklagen. Mariane Reineck fütterte sie bereits im Morgengrauen.

Oben auf dem Deich empfängt mich ein ungewöhnlich sanfter Nordost. Obwohl er alles an sich hat, was einem die Schritte beflügelt, bummele ich auf der Deichkrone dahin. Meine Zunge fährt über die Lippen, ich schmecke Salz. Ganz bewußt lasse ich mir Zeit. Ich versäume ja auch nichts, ich habe keinen festen Termin mit dem Professor. Irgendwann am Vormittag wollte ich bei ihm sein, hatten wir in München verabredet.

Vor mir liegt die Welt der Seehunde, weit und ohne Grenzen scheint sie zu sein. Die Flut kommt. Von der Jade trägt der Wind Geräusche her: Monotones Scheppern und in Intervallen scheußliches Quietschen. Ein Bagger fördert Schlick und Grund in endloser Eimerkette. Die Fahrrinne wird vertieft. Draußen, wo das Watt beginnt, arbeiten noch weitere Schiffe dieses Typs. Belgier sind es, die sich hier verdingten. Daß ich frierend und bibbernd ein paar Tage später den Flamen auf der »Namur« da hinten einen Kurzbesuch abstatten würde, konnte ich in diesem Augenblick nicht ahnen. Da taucht unten links das Holzhaus auf, weiß und rot ist es gestrichen, sieht wie eine gut gepflegte Baracke aus, Pappdach. Hier also soll die deutsche Seehundforschung auf feste Füße gestellt werden. Professor Kraft hat nichts dagegen, daß ich ihm dabei in den ersten Tagen mit Kamera und Bleistift über seine Schultern schaue.

Ich öffne die Haustür. Ein langer weißlackierter Flur. Rechts hinten Stimmen, bayerische Stimmen. Das können nur die Seehundforscher sein!

Ich komme gerade zum Planungsgespräch für die ersten Tage zurecht.

Ekkehard Wipper wird sich an die Heuler der Frau Doktor machen, die Tiere vermessen, ihre Zäne zählen und sie wiegen. In den nächsten Tagen will auch Dr. Jan van Haaften vom Rijksinstituut voor Natuurbeheer aus Arnhem kommen. Er leitet die holländische Seehundforschung, und es liegt ihm sehr viel daran, seine Erfahrungen an die deutschen Kollegen weiterzugeben. Er will mithelfen, den europäischen Seehund vor der Nordseeküste zu retten. Dr. van Haaften kennt sich bestens aus mit umweltbedingten Seehunderkrankungen und den Methoden der Markierung. Er war es, dem es gelang, durch seine alarmierenden Veröffentlichungen Bevölkerung und zuständige Behörden so aufzurütteln, daß der Seehund vor Hollands Stränden schon 1961 total geschützt wurde. Van Haaftens heißer Wunsch ist es, daß die Forschungen Professor Krafts zum gleichen Ergebnis in Deutschland führen.

Ich will Professor Kraft auf seinem ersten Zählflug über dem Watt zwischen Jade und Elbe begleiten. Wir wollen damit auch gar nicht lange warten. Das Wetter ist ausgezeichnet. Für morgen schon wird der Start angesetzt. Die Bundesmarine hat sich bereiterklärt, im Rahmen ihrer Ausbildung für das Unternehmen »Seehund« eine langsam fliegende Maschine zur Verfügung zu stellen. Nur hatten wir in unserem binnenländischen Gemüt das Wetter nicht so einkalkuliert, wie es Küstenflieger zu tun pflegen. Uns schien maßgeblich, daß wir mitten im schönsten Hoch saßen. Und dann warteten wir tagelang bei herrlichstem Sonnenschein südlich von Wilhelmshaven auf dem kleinen Flugplatz Mariensiel auf »Wetter«.

Zählflug über dem Watt

Über uns wölbt sich ein wolkenlos blauer Himmel — und trotzdem: Wir können nicht fliegen. Alle halbe Stunde rennt einer von uns zum Tower des Platzes, um uns das neueste Wetter zu holen. Erfolg: Negativ! Trotz des Riesenhochs, das standfest Norddeutschlands Wetter bestimmt und mit jedem schönen Morgen die Herzen der Gäste in den Seebädern höher schlagen läßt, gibt es für uns keinen Start. Zäher Seenebel, jener klebrige braungraue Schleier über Sand und Wasser, manchmal kaum dreißig Meter hoch, hängt und wallt ausgerechnet immer in jenen sechs Stunden über dem Watt, wenn das Wasser abgelaufen ist und die Hunde die Bänke bevölkern.

Mit wachsender Ungeduld stellen wir fest: Selbst aus der Luft ist es gar nicht so einfach, an die Seehunde heranzukommen. Die Brühe da draußen will nicht weichen. Es ist zum Verzweifeln! Und so geht das schon vier Tage lang: »Sicht über See 200 Meter! Sicht 100 Meter! Sicht 130 Meter!« Oben alles klar auf Kilometer, überm Watt aber graublaubraune Nebeltücher. Auf dem Flugplatz ist ein Heidenbetrieb: Die kleinen bunten Vier- und Sechssitzer heben ab, landen, starten wieder. Das Rollen auf dem Taxi-Way will gar nicht enden. Aber unser feldgrauer Blechesel mit dem Balkenkreuz steht festgezurrt und wartet. Endlich am 5. Juli, wir trauen unseren Ohren kaum, verkündet uns schmunzelnd der Mann im Turm: »Alles klar! Start frei zur Zählung!«

Wir hasten zur Maschine. Eine Hitzewelle schlägt mir entgegen, als der Pilot die Tür öffnet. Die Sonne steht senkrecht. Die Mittagsglut läßt die Luft über dem Rollfeld flimmern. Das Plastikpolster meines Sitzes ist so heiß, daß ich mir eine Zeitung unterlegen muß. Schräg vor mir klettert der Pilot ins Geschirr, stülpt den Kopfhörer über, auch der Professor schnallt sich an. Er sitzt auf steuerbord. Hinter den beiden lege ich meine Bereitschaftstaschen handlich, nehme die Filme zum raschen Wechseln aus den Folien, gürte mich auf meiner Zeitung fest. Der Oberleutnant schaut sich um: »Alles klar?« — Und schon rumpeln wir übers Rollfeld der Startbahn entgegen. Kurzer Halt — hochtourig laufen lassen und — Bremsen los!

Dröhnend hebt sich die DO 27 der Marineflieger ab. Rechts unten die Jade, links Kaiser-Wilhelm-Brücke, Nordsee-Aquarium, Senckenberg, ganz klein das Heulerbecken — und schon müssen wir Auslug halten. Auf der anderen Seite der Jade können die ersten Hunde liegen. Wir gehen auf Ostkurs.

Professor Kraft hat das Kartenbrett mit der großen Seekarte auf den Knien, den Bleistift in der Rechten. Für den Laien stellt sich die Karte als ein Durcheinander von Linien und Zahlen von Rand zu Rand dar. Bänke, Sände, Platen, Barren, Rinnen, Siele, Seezeichen in verwirrender Fülle. Nur der erfahrenste Wattpilot ist in der Lage, nach ihr exakt zu orten und die Liegeplätze der Robben einen nach dem anderen so anzufliegen, daß auch gezählt werden kann.

Der Lärm ist ohrenbetäubend. Man kann sein eigenes Wort nicht verstehen. Ich muß auf die Handzeichen der beiden vor mir achten, mit denen sie mich auf die Seehunde einweisen. So haben wir es in Mariensiel besprochen. Jetzt liegen meine Telekameras vor mir auf dem Boden, griffbereit. Zwei habe ich mir um den Hals gehängt, die mit dem Weitwinkel und die mit der normalen Brennweite. Das rechte Seitenfenster hatte ich mir schon vor dem Start geöffnet. Seine Scheibe war zerkratzt und reflektierte. Keine Möglichkeit, durch dieses Glas eine Aufnahme zu machen.

Der Flugwind dröhnt, knattert, schmerzt in den Ohren. Er reißt an den Kameras, komme ich dem Fensterrahmen zu nahe. Längst schnallte ich mich los. Der Sitz ist viel zu weit vom Fenster weg. Ich muß beweglich sein, voraus und nach achtern fotografieren können. Der Flugzeugführer hebt drei Finger, deutet nach steuerbord. Wir fliegen alle Sände von

Seehunds-Ritual auch in der Badewanne. Forschungsrobbe Robert begrüßt ihren Hausherrn, Professor Helmut Kraft, in der Münchener Medizinischen Tierklinik mit einem Seehunds-Nasenkuß.

Oben: Nichts fürchtet der Heuler mehr als Einsamkeit. In der offenen Jade schwimmt daher der Seehund in steter Tuchfühlung mit seinem menschlichen Begleiter.
Unten: Würden die Kinder das mutterlose Robbenkind alleine lassen, der Heuler machte sofort seinem Namen alle Ehre.

Frau Dr. Mariane Reineck fand in unermüdlicher Kleinarbeit die Zusammensetzung des Muttermilch-Ersatzes für die Heuler. Hunderte von mutterlosen Seehundskindern rettete sie in der Aufzuchtstation des Wilhelmshavener Seewasser-Aquariums.

Oben: Heuler sind nur mit Zwang zu ernähren. Die Schlauchsonde transportiert das Heringsbrei-Gemisch bis in den Magen hinunter.
Unten: Das Heulerrudel von Wilhelmshaven in seiner schwierigsten Phase. Schafft der Heuler die Umstellung auf feste Nahrung (Hering), dann ist er endgültig gerettet.

Oben: Die Folge eines Nordwest-Sturms: Am Beckenrand der Wilhelmshavener Aufzuchtstation liegen fünf junge Seehunde und suchen engsten Kontakt zueinander.
Unten: Haben die Waisenkinder des Meeres die erste Zwangsnahrung bei sich behalten, sucht ihr erwachender Spieltrieb nach geeigneten Objekten.

Oben: Menschen sind für Seehundskinder angenehme Spielkameraden. Ausgelassen tollen sie mit ihnen im Wasser und erwidern mit einem „Nasenkuß" ihre Zärtlichkeiten.
Unten: Stundenlang können sie um einen aufgepumpten Autoschlauch rangeln. Der Sieger hängt dann demonstrativ im Gummiring.

Oben: Immer noch ist sein silbern schimmerndes Jugendkleid begehrte Jagdtrophäe auch für die Menschen unserer Breiten.
Unten: Zu einem gesunden und höchst aktiven Rudel haben sich im Spätsommer die Heuler der Büsumer Aufzuchtstation entwickelt.

Oben: Nie lassen die Mütter ihre Kinder aus den Augen. Unzählige Male am Tage aktivieren sie das innige Verhältnis.
Unten: Wird einmal der Kamerad beim Spiel zu grob, wehrt man ihn mit Schlägen der ungewöhnlich beweglichen Hände ab.

Oben: Alles Neue fasziniert ein Seehundskind sofort. Es fällt auf jeden Jäger herein, der robbend sich ihm nähert. Die erfahrene Mama dämpft oft mit ihrer Hand die gefährliche Neugier.
Unten: „Opas" Blick geht fragend zu den Menschen, die er kennt. Er soll zusammen mit „Felicitas" in die Freiheit gehen, die er nie vermißte.

Oben: So sieht man beim Zählflug die Tiere auf den Bänken. Sobald das Meer Sände und Platen freigibt, robben die ersten Hunde aufs Land.
Unten: Prof. Dr. H. Kraft mit seinem Assistenten E. Wipper bei der „Inventur": Nach jedem Flug werden die auf den Seekarten vermerkten Zahlen der Seehunde und ihre Liegeplätze registriert.

Die ungleichen Vettern. Zwei Jungseehunde treibt die Neugier. Mit weit nach vorn gespreizten Tasthaaren versuchen sie, den Landhund erkundend zu begrüßen. Abwehrend hebt der Dackel seine linke Pfote. Sein Hundeverhalten schreibt ihm andere Signale vor. Eines aber hat er im Gefühl: Die Brüder aus dem Meer sind friedliche Gesellen.

Freiwillig und aus eigenem Antrieb robbte im Juni 1969 eine Kegelrobbe an den Strand von Travemünde. Sie fühlte sich einsam, war friedlich, bot ihr Fell zum Streicheln an und wählte sich den Bootsvermieter Otto Buck zum Freund. Im Herbst spielte das Tier ohne jede Hemmung mit seinem menschlichen Kumpanen. (Hans Kripgans fotografierte.)

Oben: Eine Rarität: Der Jungseehund im Babypelz. Durch ein Wunder überlebte ein Heuler, der sich nicht rechtzeitig von seinem Embryonalpelz trennen konnte.
Unten: Täglich stellt Oberpfleger Heinz Scharpf sein Vertrauensverhältnis zur Riesenrobbe in der Stuttgarter „Wilhelma" unter Beweis.

Ein leichtes wäre es dem See-Elefanten „Tristan", seine starken Eckzähne dem viel kleineren Menschen in den Schädel zu schlagen. Bei Auseinandersetzungen siegt der See-Elefant, der den Kopf des anderen zu überragen vermag. Heinz Scharpf aber besitzt das Vertrauen seines „Tristan".

Die Welt-Sensation: Nachzucht bei See-Elefanten! Vierzehn Tage alt und noch in seinem pechschwarzen Babypelz wird das Kind von „Marion" und „Tristan" der Öffentlichkeit vorgestellt. Nie zuvor überlebte ein in Gefangenschaft geborener See-Elefant den ersten Tag.

Das zweite Kind des Stuttgarter See-Elefantenpaares beweist, daß Heinz Scharpfs tägliche Dressurarbeit mit den Riesenrobben der richtige Weg ist, auch bei dieser Tierart in der Gefangenschaft zum Zuchterfolg zu kommen. Die gefährliche Zoo-Lethargie gibt es bei seinen Tieren nicht.

links an, so daß ich die Tiere rechts unter mir habe. 150 Meter! Wir haben eine Tiefflugsondergenehmigung bekommen für unsere Zählung. Drei Seehunde im Fadenkreuz. Ich habe den Fliegersucher auf meine Kamera montiert. Obwohl ja nun unser Vogel ein ausgesprochener Langsamflieger ist, mir gehts zu schnell. Schon wieder die Hand! Ein Rudel. Steilkurve. Die Fliehkraft läßt mich kaum die Kamera ans Auge bringen. An der anderen Seite des langen Priels zurück landeinwärts. Dreimal löse ich aus. Aber ich kann den Verschluß nicht hören, der Krach ist viel zu groß. Seewärts geht es hinaus. Handzeichen von vorn. Rudel auf Rudel vor uns auf einer langgestreckten Bank. Ein wundervolles Bild. Man meint, man wäre nicht in Deutschland. Daß es das vor den Küsten eines Industrielandes überhaupt noch gibt! Ich habe die Orientierung verloren. Ich weiß nicht, wo ich diese herrliche Sandbank da unten einordnen soll. Es müßte in der Gegend vom Großen Knechtsand sein... Wir fliegen sie an. Ich habe alle Tiere im Visier. Auf meinem Foto zähle ich später 91 Tiere, aber es waren noch mehr. Meine Kamera erfaßte sie nur nicht. Und es war auch der Große Knechtsand!

Das erste Rudel verharrt noch in Ruhe, als wir es überfliegen. Das zweite wirft auf, warnt die anderen vor unserem Donnervogel, das nächste robbt eiligst zum Wasser, die Hunde des vierten verschwinden aufspritzend in ihrem Element, gerade daß man sie noch zählen kann. Professor Kraft trägt die Zahlen in seine Seekarte ein: 4, 55, 60, 13, 8, 12 allein am großen Priel zwischen Nord- und Südeversand. Wir überflogen den Großen Knechtsand, wir kurven um Neuwerk, steuerbord fernab taucht Cuxhaven auf. Unter mir sehe ich die berühmten Wracks an der Großen Schiffahrtsstraße, Opfer der Stürme. Sie säumen die Wege nach Bremerhaven und Hamburg.

Zwei Stunden geht es so prielauf prielab. Als wir auf Heimatkurs drehen, hat sich das Gleichgewichtsorgan auf die Steilkurven eingestellt. Jetzt erst kann ich die ganze so urweltlich anmutende Landschaft des Watts da unten richtig wahrnehmen und genießen. Es gibt nichts mehr zu zählen. Unser Herflug hat die Tiere doch so sehr gestört, daß nur noch vereinzelte auf den Bänken liegen. Aber ich sehe viele in den Prielen. Im Gegenlicht sind im Wasser die Köpfe und hier und da sogar die Schwimmbahnen gut auszumachen. Wir überqueren den Schiffahrtsweg der Weserrinne und sind wieder über Watt. Drei Krabbenkutter stehen in Richtung Carolinensiel, und ein paar Sportboote liegen auf Bänken, auf denen wir vorhin noch Seehunde zählten, eingedrungen in die Refugien der Robben, Störenfriede der Seehundskinderstuben. Erst nach Mitternacht, wenn die nächste Ebbe die Bänke freifallen läßt, werden die Tiere wiederkommen.

Abends sitzen wir im Holzhaus auf der Schleuseninsel. Als ich etwas steif und ein wenig benommen nach unserem Flug in Mariensiel aus der DO 27 klettere, hatte ich den Eindruck, viele Seehunde gesehen zu haben. Ich hätte aber weit mehr vor meine Augen bekommen müssen, wenn der Bestand da unten eine befriedigende Kopfzahl aufgewiesen hätte. Professor Kraft hatte zwischen Jade und Elbe auf eine größere Population gehofft. Wir werten die Karten aus, wir addieren die Zahlen.

Ekkehard Wipper hatte zwei Tage vor uns das Gebiet zwischen Ems und Jade abgeflogen. Auch seine Zählergebnisse konnten einen nicht frohlocken lassen.

Als die Zahlen beider Flüge auf dem Tische lagen, schlägt der Professor aus München Alarm. Noch keine tausend erwachsene Tiere zwischen Borkum und Cuxhaven! Das ist bedrohlich! Krafts Forderung: Rigorose Einschränkung der Seehundsjagd. Ab jetzt nur noch Hegeabschüsse alter und kranker Tiere. Die Trophäenjagd auf den Junghund ist zu verbieten! Telefonate mit dem Ministerium in Hannover. Aufsichtsbehörde und Jägerschaft akzeptieren den Vorschlag und setzen die Zahl der zum Abschuß freigegebenen Seehunde herunter, nur noch Hegeabschüsse dürfen ab 1972 getätigt werden.

Die Gesamtzahl der deutschen Robben zwischen Holland

und Dänemark — die in Schleswig-Holstein veröffentlichte Zahl der dortigen Seehunde ist in ihr enthalten — beträgt am Abend des 5. Juli 1971 plus minus 2350 Köpfe. Würde sie darunter absinken, sieht der Münchener Forscher Gefahr für die gesicherte Weiterexstenz dieser liebenswerten Geschöpfe.

»Träte das ein, würde ich dafür plädieren, für eine Reihe von Jahren den Abschuß total einzustellen und den notwendigen Hegeabschuß ausschließlich staatlichen Berufsjägern zu überantworten«, sagte mir Helmut Kraft, als wir uns spät abends trennten.

Keine Robbe ist mehr ohne Gift

Am nächsten Morgen besuche ich die »Seehundsmutter«. »Kommen Sie ganz schnell rauf. Ich muß Ihnen was Verrücktes zeigen!« ruft sie. »Da sehen Sie mal!« Vom breiten Fenster des Reineckschen Wohnzimmers überblickt man die ganze Aufzuchtstation.

»Das kann ja wohl nicht wahr sein!« entfährt es mir. Da unten neben dem Becken ist ein regelrechter Zweikampf im Gange. Ein Mann versucht, einen kräftigen Seehund zu packen, an den Schwanzflossen, in die dicken Nackenfalten. Aber das Tier wehrt sich, es ist unheimlich wendig, schnellt sich herum, faucht spuckend. Wohin die Menschenhand auch greift, die Seehundschnauze mit den spitzen Zähnen ist bei weitem schneller. Wie eine Schlange glitscht der Walzenkörper über den nassen Boden. Daß ein Seehund sowas kann? Der Mann, der mit der Robbe rangelt, ist Ekkehard Wipper, Gesicht hochrot. Maßband, Notizblock, Kugelschreiber, Aktendeckel liegen verstreut, ein Schemel ist umgestürzt. Anscheinend hat dieser Seehund was gegen das Vermessen. Mariane Reineck steht neben mir und lacht. Es sieht ja auch zu komisch aus, was wir da sehen müssen. »Das schafft er doch alleine mit unserem Dicken nie! Ich wollte ihm vorhin ja helfen. Aber dieser dickköpfige Bayer! Ich hab's ihm ja gleich gesagt: Der beißt ganz verteufelt! — Übrigens ist das der, von dem ich Ihnen in der vorigen Woche schon schrieb...«

Ich entsinne mich. »Der andere kam gestern. Er ist ein Verbrecher! Zum Füttern braucht man drei Mann. Zwei knien am Becken, einer treibt mit Besen oder ähnlichem den Knienden das Vieh zu. Wer geschickt ist, kriegt ihn am Schwanz und zieht ihn raus — und wird in die Wade gebissen (Gummistiefel!). Nun kann der dritte Mann abtreten. Seehund kriegt Decke über das bissige Ende und Frau Reineck fängt an, auf ihm zu reiten, um ihn festzuhalten, denn sowie man den Kopf frei macht — und das muß ja, damit ich ihn füttern kann —, versucht er abzuhauen. Dann wird mit dikkem Handschuh die Schnauze geöffnet (Achtung: Zähne!) und der zweite Helfer schiebt ein Stück Holz in die Kieferwinkel. Erst dann kann ich den Hering reinstopfen. Und dies drei- bis viermal hintereinander. Und die ganze Prozedur viermal am Tage! Hinterher bin ich wie durch Wasser gezogen, so anstrengend wars«, so hatte ich vor wenigen Tagen in Mariane Reinecks Brief gelesen.

Unten hakeln die beiden erfolglos weiter. Wir müssen eingreifen. Bevor wir aber durch den Keller im Robbengarten sind, klärte sich die Situation. Professor Kraft war über den Deich von außen her gekommen und hatte zugepackt. Jetzt hält er die Schwanzflossen des Rabiaten, ein dritter Mann drückt den Seehundskopf so geschickt zu Boden, daß das Tier keinen Biß mehr anbringen kann. Ekkehard Wipper mißt ungehindert Längen, Umfang von Leib und Kopf. »Das ist Dr. van Haaften aus Holland!« stellt der Professor den dritten vor.

Der holländische Seehundforscher bringt farbige Plastikmarken mit, wie er sie drüben für die Zeichnung seiner Seehunde verwendet, und demonstriert am lebenden Objekt, wo in der Schwanzflosse man sie am geschicktesten anbringt, ohne das Tier zu behindern. Die Markierung der holländischen Hunde hat ihn schon ein Stückchen weitergebracht. Durch Meldungen von aufgefundenen Tieren, die seine Marken trugen, weiß van Haaften, daß die holländischen Robben weite Strecken nach Osten und Norden wandern, über die Inseln Juist, Norderney und Memmert bis nach Römö und Esbjerg in Dänemark. Und das sind immerhin gute 400 Kilometer gerade Küstenlinie ohne jeden Abstecher. Die wahre Zahl der geschwommenen Seehundkilometer wird man wohl nie erfahren. Sie liegt mit Gewißheit um das Vielfache höher. Kein Seehund legt natürlich diese Entfernung im Nonstop zurück. Er braucht Zeit zu seiner Reise, denn er muß ja unterwegs nach Beute sehen, seinen Hunger stillen, ruhen, schlafen, die Strömungen und Gezeiten nutzen. Man könnte annehmen, daß er so von Jagdgrund zu Jagdgrund trödelt, hier und dort verweilt, wo es ihm gut gefällt, und Monate für seine Tour nach Norden braucht. Das kann wohl sein. Fest steht aber durch eine solche Rückmeldung, daß ein junger Seehund diese Entfernung auch in nur acht Tagen zurückzulegen vermag. Immerhin — das zeigen alle Funddaten — macht der holländische Seehund so lange Wege noch in seinem Geburtsjahr, in einem zarten Kindesalter von vielleicht noch nicht einmal einem halben Jahr.

Ob er nun auf diese Reise allein geht oder ihn andere Jungseehunde dabei begleiten, gleichermaßen also eine Herbstauswanderung der Jungtiere, wie wir sie auch von anderen Tierarten kennen, oder gar ganze Familienverbände sich an den Fernwanderungen beteiligen, weiß heute noch niemand zu sagen. Man markierte ja nur Jungtiere. Die Alten zu zeichnen, erwies sich bisher als undurchführbar. Gelingt es später einmal den Wissenschaftlern, die Mitglieder eines ganzen Rudels zu markieren, wird die noch ausstehende Beantwortung der Frage nach dem Wohin und Woher der Seehundswanderungen nicht mehr lange anstehen.

Mit seinem holländischen Kollegen ist sich Helmut Kraft einig, daß noch Jahre vergehen werden, bis man dem europäischen Seehund einen Teil seiner Geheimnisse entlockt hat. Beide Forscher hoffen nur inständig, daß ihre Erkundungen dem Seehund die Existenzmöglichkeiten wieder schaffen, erhalten und garantieren, aufgrund derer sein Weiterleben vor unseren Küsten nicht mehr bedroht ist. Sie wissen, daß sie ihre Arbeiten zügig voranzutreiben haben, und bangen darum, daß die alarmierenden Resultate ihrer Tätigkeit in den Schubladen verschwinden könnten, weil sie zu vielen unbequeme Konsequenzen abverlangen werden.

Was Dr. van Haaften von seinem Institut aus Arnhem und den Utrechter tiermedizinischen Labors an Nachrichten uns mitbringt, klingt deprimierend und wenig hoffnungsvoll. Von 17 in einem Monat vor der niederländischen Küste aufgefundenen toten Seehunden zeigten sieben einen so hohen Anteil an Quecksilber in ihren Organen, ihrem Fett und im Gehirn, daß die Todesursache der Tiere einwandfrei auf dieses Gift zurückzuführen war. Die Höhe der in den Kadavern festgestellten Quecksilbermengen überstieg die schlimmsten Erwartungen der Wissenschaftler: 225, 765 und einmal sogar 2000 ppm (pars pro million)! Durch den dauernden Genuß von quecksilberhaltigen Fischen speichert ein alter Seehund mit den Jahren in Organen und im Fett durchschnittlich 300 ppm an Quecksilberanteilen. Das gehört heute schon zum Normalzustand alter Nordseerobben. Von außen sieht man ihnen das nicht an. Würde aber nur ein winziger Bruchteil des Giftes ins Gehirn gelangen — es braucht nur 6,0 ppm zu sein —, seine Wirkung wäre tödlich.

Alle toten Seehunde, die man fand, wiesen Gifte auf vom DDT (5,3 ppm) über Aldrin, Cadmium, Dieldrin bis zum Polychlorbifenil. Da man vor Holland bisher noch keinen toten Seehund fand, der giftfrei war, glaubt Dr. van Haaften nicht zu weit zu gehen, wenn er behauptet: In der ganzen Nordsee gibt es keine Robbe ohne Gift!

Der Forscher aus Arnhem hat auch die letzte Bestandszahl im Kopf: 950 Tiere im holländischen Wattenmeer. 1930 waren es noch rund 2000 und 1959, bevor die Jagd (1961) verboten wurde, ganze 900 Köpfe. Durch den totalen Schutz erholten sich die Rudel 1968 auf 1450 Tiere. Seitdem aber werden es — trotz Nichtbejagung — von Jahr zu Jahr weniger. Und im September 1973 zählte Dr. van Haaften nur noch knapp 500 Seehunde vor der holländischen Küste.

»Der Dreck im Meer ist schuld daran!« das ist die feste Überzeugung der niederländischen Seehundforscher.

Nach der Ostsee droht die Nordsee zur größten Kloake aller Weltmeere zu werden. Allein über den Rhein gelangen jährlich 75 Tonnen hochgiftiges Quecksilber in die Nordsee und pro Tag (!) kippen — nach einer Studie der Deutschen

Forschungsgemeinschaft — die Anrainerstaaten 20 000 Tonnen Abfälle in dieses Meer. Die flache Nordsee kann solche Mengen nicht verkraften. Sie liegen ihr schwer im Magen, sie kann sie nicht in den tieferen Atlantik abführen. Die Zirkel ihrer Strömungen verquirlen den Dreck im Kreis. Schicht um Schicht lagern sich Rückstände von Faulschlamm und alten Ölen, Phenolen, Metallsalzen und Schwefelsäuren auf ihrem Grunde ab. Ihre biologische, natürliche Reinigungskraft ist im Schwinden. Gesundes wird krank, ungesundes Wachstum wuchert wie ein Krebs. Brennquallen, sonst fünfzig Zentimeter mit normalem Schirmdurchmesser erreichend, wachsen zu Zeiten über das Doppelte hinaus und bedecken zuweilen mit ihren Meterfladen ganze Küstenstriche in Holland. Allein in Zandfoort mußten sich vor einiger Zeit 2500 Badegäste ärztlich behandeln lassen. Sie hatten sich an den Nesselfäden der Quallen verbrannt. Meeresbiologen führen das abnorme Wachstum auf überreiches Futterplankton zurück. Auch Miesmuscheln wurden mit einem Male dick, fett und ungesund. Sie hatten giftiges Plankton gefressen. Man warnte in den Niederlanden vor ihrem Genuß und dem quecksilberhaltiger Fische.

Solange sich aber jeder außerhalb der Dreimeilenzone ungeahndet seines Mülls entledigen kann, die Industrieabwasser immer weiter von den Flüssen ungereinigt in dieses Meer gespien werden, darf niemand auf Besserung hoffen.

Qualvoller Tod durch Öl und Parasiten

Die Anfälligkeit der Wesen, die in dieser Brühe leben müssen, wächst schnell. Krankheiten und Parasitenbefall dringen in die entlegensten Priele vor. Von Fadenwürmern in Bronchien und Gedärm gefüllt, von außen von Läusen geplagt, angefressen und räudig, Organe und Gewebe vergiftet — das ist schon heute das Gros unserer Seehunde.

Übrigens, ich habe mich nicht vertan: Es gibt wirklich Seehundläuse! Die Natur hat da ganz verrückte Parasiten zur Qual unserer amphibischen Freunde ersonnen: Läuse, die sozusagen »die Luft anhalten« können. Quälgeister, die mit ihren Wirtstieren geraume Zeit tauchen können und unter Wasser von der Luft atmen, die sie in Reservoiren unter ihrem Chitinpanzer mit hinunternahmen. Ob unter oder über Wasser — die Seehundlaus ist immer dabei. Ihr Fraß an Haut und Fell führt zu Haarausfall. Räude und offene Geschwüre sind die Folge, einer Sepsis alle Wege offen.

Im Juni 1971 erlebten die Seehunde der Nordsee eine abnorme Läuse-Invasion, die für viele der Robben lebensbedrohlich wurde, und man trug sich in Niedersachsen mit dem Gedanken, allein schon dieser Plage wegen ein Jagdverbot für die Seehunde zu erlassen. Aus Arnhem schickte Dr. van Haaften wenige Tage nach seiner Rückkehr zwei Aufnahmen von tot aufgefundenen Seehunden und schrieb dazu in deutsch: »Verzeihung für meine viele Fehler in Ihre Heimatsprache! Wie ich Ihnen versprochen habe, sende ich Ihnen hiermit einige Aufnahme: I. ist ein junger Seehund mit einem Ölkleks auf die Haut. Darunter gab es drei Abszesse, einer davon war schon aufgebrochen, dadurch wird die Haut vom Körper gerissen, wenn die Tiere auf der Sandbank liegen. II. ist so ein Seehund mit einer großen Wunde. Ich hoffe, daß ich Ihnen hiermit nach Zufriedenheit geholfen habe...«

Parallel zur Brandung ziehen sich durch die Strände der Nordsee-Inseln zur hochsommerlichen Badesaison dann und wann breite Streifen, Reihen tiefer Ackerfurchen. Man ist dabei, den Sand unter den Pflug zu nehmen, denn er hat Aussatz. Wohin man tritt, liegen mehr oder minder große schwarze Medaillons von der Größe eines Pfennigstücks bis zum Format eines mittleren Kuhfladens. Das Meer hat sich erbrochen und Unverdauliches ans Land gespien: Öl!
Schwarze, klebrige Flecken an Füßen, Beinen und Kleidern — nur mit Terpentinersatz zu entfernen —, das ist ganz gewiß nicht das, was Badegäste hier erwarten! »Öl am Strand!« Ein Schreckensruf, der das Image eines Seebades ruinieren kann, hört man ihn öfter am selben Ort. Alles setzt daher die Kurverwaltung in Bewegung, um eilends Abhilfe zu schaffen: An den Badehäusern stellt man Terpentinersatz kostenlos bereit, die Bauern werden um Hilfe gebeten, um die schwarzbraunen Öltorteletts so tief wie möglich unterzupflügen. Bald aalt sich die Menschheit wieder auf schneeweißem Sand.

Draußen aber auf den Bänken und im Watt bleibt das widerliche Zeug liegen, und tragen es die Gezeiten nicht ab, häuft es sich. Seehundbäuche schleifen robbend drüber hin. Ölreste heften sich zäh an Haar und Haut, die Ohrlöcher der Tiere verkleben, Sand und Öl verleimen die Augenränder. Entzündungen, immer wieder aufgerissene Wunden, vor allem in der Nabelgegend, die nicht heilen können und durch das Robben auf dem Schmiergel hervorgerufen werden, führen zu qualvollem Tod.

Die Aufnahmen Dr. van Haaftens von den toten Seehunden sind schauriges Dokument für diese Todesart.

Über vollbiologische Kläranlagen verfügen die wenigsten unserer Nordsee-Inseln. Wer von den Badegästen fragte auch schon danach? Würde ihr Wunsch danach genauso unüberhörbar sein wie ihr Ruf nach einem geheizten, überdachten Meereswasserwellenbad — gechlort natürlich und gesundheitlich ganz einwandfrei — und dem obligatorischen Strandkorb, in keinem Seebad fehlte die vollbiologische Kläranlage. Aber so? Die Sint- oder besser: die Sündflut der Abwässer — an die zwei Millionen Gäste hat die deutsche Nordseeküste in jedem Hochsommer zusätzlich zu verkraften — ergießt sich gerade nach den Normen chemisch gereinigt und Seuchenfreiheit garantierend in die See. Nicht alles, was einem Organismus schaden kann, wird dadurch abgebaut. Im Handumdrehen siedeln sich Krankheitskeime in Seehundswunden an, dringen über das Blut in den Körper.

Christian Eisbein, der Wattführer aus Nessmergrode im Weichbild der Inseln Baltrum und Langeoog, weiß ein sehr trauriges Lied vom unreinen Meerwasser zu singen: Seine sechzehnjährige Tochter starb an einer Ansteckung, die sie sich beim »gesunden Wandern im Heilschlick«, wie es schön in den Prospekten heißt, zugezogen hatte. Ungeklärt in die See entlassenes Abwasser war schuld an ihrem Tod. Eine Kläranlage existierte wohl, nur erschien dem Eigner ihr Betrieb zu kostspielig; er war heimlich eingestellt worden. »Hier hat der alte Satz ›Seewasser heilt und entkeimt‹ auf keinen Fall mehr Gültigkeit«, sagt heute Christian Eisbein lakonisch, und in seinem Briefkopf steht seit jenem Unglück zu lesen: »Wattführungen zu den Ostfriesischen Inseln unter Vermeidung von Abwasserzonen.«

Der Ausreißer

Der Kunstmaler, Bildhauer und Wattführer Eisbein hat mit heiligem Zorn der Umweltverschmutzung den Krieg erklärt und kämpft für die Erhaltung von Fauna und Flora an unserer Küste. So ist er nicht nur »Aktives Mitglied in niederländischen und deutschen Kampfgemeinschaften zur Gesunderhaltung der Restnatur«, er trägt sein Scherflein auch zur Erhaltung des Seehundbestandes bei: »Keine Jagd mehr auf Jungseehunde!« propagiert er und das aus einem ihm ganz logisch erscheinenden Grund: Junge Tiere geben ihrem Nachwuchs weit weniger an gespeicherten Giften mit als die älteren. Darum ist auch Eisbein nur für den Hegeabschuß der alten, kranken und schwachen Hunde, die einst zur leichten Beute für den Schwertwal wurden, den es heute bei uns nicht mehr gibt.

Christian Eisbein ist ein Begriff zwischen Carolinensiel und Norden. So bleibt es auch nicht aus, daß Professor Kraft von ihm erfährt. Als er sich an Eisbein wendet und ihn bittet, seinem Korps der freiwilligen Mitarbeiter am Unternehmen »Seehund« beizutreten, sagt der erfahrene Wattführer spontan zu. Sein kleiner grüner Kombiwagen wird zum »Heuler-Transporter«. In ihm holt er die gemeldeten Seehundwaisenkinder ab und bringt sie nach Norden zur Aufzuchtstation des niedersächsischen Jagdverbandes. Christian Eisbein greift überall mit zu, wo es gilt, jungen Seehunden das Leben zu erleichtern, hilft Ekkehard Wipper mit Rat, Tat und Beobachtungen die Studien zur Doktorarbeit komplettieren, und er steht im vordersten Glied der Aufklärungsfront, die Helmut Kraft für Seehundschutz und Umweltbewußtsein im Rahmen seines Forschungsauftrages an der niedersächsischen Küste aufbaut.

Der rote Backsteinbau der alten Schule von Nessmergrode

hinter den hohen Bäumen an der Störtebeker Küstenstraße ist Christian Eisbeins Domizil — und 0 49 33/3 83 die Rettungsnummer für den »Heuler-Service«.

Telefon ist gut, wenn es um ein Heulerleben geht.

An einem 8. Juli meldet sich beim Jadedienst in Wilhelmshaven über Funktelefon der Kapitän des belgischen Baggers »Namur«, der im Jadefahrwasser arbeitet: »Ich habe hier einen jungen Seehund an Bord. Er ist in der Eimerkette mit hochgekommen. Was soll ich machen?« Die »Seehundsmutter« wird eingeschaltet. Gespräche hin und her. Ihr Rat: »Wenn Sie Seehunde in der Nähe des Baggers ausmachen können, setzen Sie den Kleinen wieder aus!« Am späten Abend ist der Kapitän wieder an der Strippe: »Wir haben keinen Seehund gesichtet. Was nun?« Mariane Reineck verspricht dem Mann auf dem Baggerschiff, daß sie das Tier am nächsten Morgen holen läßt. Wer aber holt ihn? Wen immer sie am Abend noch anruft, niemand ist abkömmlich, niemand hat Zeit. Sie schaut mich fragend an.

Und schon steht ein geräumiger Wäschebottich im Kofferraum meines Wagens. Den Deckel kann ich gerade so schließen. Morgen früh hole ich einen »gemachten« Heuler ab, ein Seehundsbaby, das menschliche Technik der Mutter entriß.

Ich wußte gar nicht, daß einen ein Jungseehund so zeitig auf die Beine bringen kann. Um 4.30 Uhr schon stehe ich mit Wagen und Bottich an der Pier vor der Schleuseninsel im Nassauhafen. Das Boot, das mich rausbringen soll, gehört zum Jadedienst. Es hat die Größe eines Bugsierdampfers, ist für Personenbeförderung eingerichtet und Zubringer für die vier Bagger außerhalb des Jadebusens. Niemand ist an Bord. Alles ist still. Ich bin zu früh.

Es ist empfindlich kalt heute morgen, der Wind kommt fast aus Nord, und ich friere. Ein erster grauer Tag nach soviel Sonnenschein. Ich setze mich wieder in mein Auto, drehe das Radio an und warte. Auf der Jade tragen die Wellen schmale weiße Kämmchen. Drüben macht ein Krabbenkutter klar, legt ab und tuckert hinaus. Ein Mann kommt verschlafen die Bohlentreppe hinunter, schlürft müde über das Kaipflaster zum Jadeboot und springt an Bord. Dann nahen noch zwei Gestalten, Pfeifen zwischen den Zähnen, und verschwinden im Boot. Jetzt ein Mann mit Schirmmütze. Er gähnt und macht sich am Kahn zu schaffen. Wahrscheinlich der Bootsführer. Ich hole den Wäschebottich aus dem Heck, schließe den Wagen ab und gehe hinüber.

Anderthalb Stunden sind wir unterwegs. Fender raus! Leinen rüber! Festmachen, aber mit viel Spiel, denn der Bagger liegt wie ein Brett auf der rauhen See, und wir tanzen. »Könnt ihr mal annehmen?« rufe ich rüber und wuchte meinen Wäschebottich hoch. Kräftige Arme packen zu. Aber nicht nur die Wanne, auch mich hieven sie gleich mit auf die »Namur«. Da ist auch der Käpt'n. Er spricht gut deutsch: »Auch heute morgen sahen wir keinen Seehund. Ich hätte ihn sonst doch noch ausgesetzt. Ist so'n lieber Kerl. Willem! Henrik! Bringt ihn doch mal, den kleinen Jean!« Zwei Mann schleppen eine Wanne heran. Sie haben ganz schön zu tun. Der ist schon schwer! Kein ganz Junger mehr. Ich schätze ihn so auf 5 bis 6 Wochen und bin froh, daß es kein ausgesprochener Säugling mehr ist. Muß gleich mit Heringen gestopft werden ... Und wieder diese Schmelzaugen! Er sieht aus wie mein Robert in der Münchener Badewanne.

Jean wird umquartiert: Belgische Wanne hoch! Und gekantet. Schon flutscht der Kleine elegant in meinen Bottich. Ich schaue hoch: Die ganze Baggermannschaft ist versammelt. »Adieu, Jean! Bonne chance!« Zwei Armpaare strecken sich ihm von unten entgegen, und in einem Fahrstuhl liftet er an Bord des »Jadedienst«.

Der Rückenwind drückt uns in einer Stunde zur Schleuseninsel. Ich lasse kein Auge von Jean. Das Boot rollt ein wenig, und ein paar Mal habe ich den Eindruck, als gehe es dem Kleinen in der Wanne nicht so wohl. Er druckst und würgt. Dann sind wir da. Hinein in den Kofferraum und Klappe zu! Mariane Reineck erwartet uns schon. Von ihrem Fenster mit dem Hafenblick beobachtete sie unsere Ankunft. Wie ich den

Kofferraum öffne, sehe ich, daß Jean sich übergeben hat. »Tscha!« sagt »Seehundsmutter«, »Seehunde können seekrank werden. Wußten Sie das nicht?«

Jeans Umstellung auf toten Fisch geht nach anfänglichen Querelen recht ordentlich über die Bühne der Aufzuchtstation. Nach drei Tagen nimmt er das erste Stückchen Hering aus freien Stücken, die Zwangsfütterung kann eingestellt werden. Mein Heuler hat nun alle Chancen, durchzukommen.

Am 14. August steckt ein Brief aus Wilhelmshaven in meinem Briefkasten. Mariane Reineck schreibt: »Bei meiner Rückkehr aus Mainz, wo ich einen Vortrag über Seehunde zu halten hatte, fand ich gleich wieder zwei Seehunde vor: einen Spätling und einen Ausreißer, der Sie besonders angeht, denn er ist auch Ihr Kind. Sie haben ihn seinerzeit vom Eimerbagger ›Namur‹ abgeholt. Der Einfachheit halber lege ich einen Ausschnitt aus der Wilhelmshavener Zeitung bei, dem Sie alles weitere entnehmen können.«

Unter der Überschrift »Kleiner Heuler kehrte reumütig zurück« wird da folgendes berichtet: »Ein unverhofftes Wiedersehen gab es gestern in der Seehundkinderstube des Seewasseraquariums am Nassauhafen. Ein junger Seehund, der vor einigen Tagen von dort ausgekniffen war, kehrte sozusagen reumütig zurück. Der kleine Heuler hatte vorige Woche eine Pforte des abgegrenzten Geländes aufgedrückt und war über den Deich getürmt. Noch ehe man den kleinen Ausreißer zurückholen konnte, war er in den Wellen des Jadebusens verschwunden. Gestern nun lag er hilflos am Strand von Hooksiel. Der dortige Hafenmeister nahm sich seiner an und veranlaßte die Rückführung der jungen Robbe nach Wilhelmshaven. Der noch nicht allein lebensfähige Seehund wird nun wie seine Gefährten noch eine Zeitlang von Frau Dr. Mariane Reineck hochgepäppelt.«

Der kleine »Belgier« hatte sich, da er ja kein echter Heuler war, zu einem außerordentlich kräftigen Seehund entwickelt. Nur so ist es zu erklären, daß er es anscheinend ohne allzu große Mühen schaffte, die Gehegepforte aus den Angeln zu heben. Verwunderlich allerdings bleibt, daß es der kleine Kraftprotz wohl doch nicht verstanden hatte, die Geheimnisse der Unterwasserjagd zu ergründen, obwohl ihm das ja im Blut gelegen haben sollte. Freischwimmenden Fischen ist er in der Jade mit Sicherheit begegnet. Gemessen an der Zahl seiner Lebenswochen war er genügend entwickelt, um für sich selbst sorgen zu können. Was ihm fehlte, waren wache Sinne, war Erfahrung. So war mein Jean nun doch noch zu einem echten Heuler geworden, und Menschen retteten ihn zum zweiten Male.

Ein Experiment

Daß ein von Menschenhand aufgezogenes, wiederausgesetztes Wildtier in Einzelfällen nicht imstande ist, den harten Forderungen der freien Wildbahn standzuhalten und für seinen Lebensunterhalt selbst zu sorgen, ist Zoologen und Forschern nicht neu. Im Max-Planck-Institut für Verhaltensphysiologie im oberbayerischen Seewiesen beobachtete ich vor einigen Jahren das ungewöhnliche Betragen eines Eichhörnchens. Dr. Irenäus Eibl-Eibesfeldt, damals noch Assistent von Professor Konrad Lorenz, hatte das Jungtier mit der Flasche großgezogen, dann allmählich auf feste Kost umgestellt. Dabei hatte es Schwierigkeiten gegeben ähnlich denen, wie ich sie gerade bei der Nahrungsumstellung eines Heulers von der Magenschlauchsonde auf feste Heringsstückchen erlebt hatte.

Ich kam nach Seewiesen, als Dr. Eibl-Eibesfeldt den Versuch unternahm, dem Eichhörnchen das Nüsseknacken beizubringen. »Dummerchen« — so hatte er seinen Zögling genannt — beschnupperte die hellbraunen Kugeln, die ihm vorgesetzt wurden, konnte aber ersichtlich mit den glatten Schalen nichts anfangen. Die hölzernen Dinger waren ihm sofort völlig uninteressant. Mit einem raschen, hohen Sprung setzte es über sie hinweg und machte es sich auf dem großen Schreibtisch seines Herrn bequem. Dr. Eibl nahm nun einen Nußknacker, öffnete einige Nüsse und bot die Kerne an. Sie anzunehmen, die kleinen Zähnchen hineinzuhauen und in sich hineinzumümmeln, stellten für das Eichhörnchen plötzlich keine Probleme mehr dar. Aber sooft der Forscher Nüsse knackte, »Dummerchen« also sehen, wittern mußte, daß sich unter der hölzernen Schale etwas Schmackhaftes befindet, es begriff nie, daß es mit seinen eigenen Zähnen befähigt war, die Schale einer Haselnuß zu öffnen. Es machte nicht einmal den Versuch dazu. Der Wissenschaftler ließ sein Eichhörnchen fasten. Aber auch der Hunger zwang es nicht zur natürlichen Verhaltensweise. Inmitten eines Haufens ungeknackter Haselnüsse wäre dieses Eichhörnchen verhungert.

In der Gefangenschaft geborene Raubtiere, Löwen zum Beispiel, verstehen es nur in Ausnahmefällen, Beute zu machen, entläßt man sie versuchsweise in die Freiheit. In ihrer Mehrzahl kehren sie sehr schnell dorthin zurück, wo ihr Magen ohne Anstrengung, regelmäßig und gut gefüllt wurde.

Heuler in ihrer Säuglingszeit, das heißt in den ersten fünf bis sechs Wochen ihres Daseins, im offenen Meer freilassen zu wollen, erweist sich als Fehlschlag. Mit sechs jungen Seehunden machte ich diesen Versuch in der Jadebucht. Vorher hatte ich bei den Fachleuten schwerwiegende Bedenken auszuräumen. Und wäre es nach dem Willen der Experten gegangen, keiner ihrer Seehunde hätte Seewasser geschmeckt.

Es war ein schöner Juliabend, so richtig geschaffen fürs Klönen in der Dämmerung. Bei Schinkenbrot und Bier waren wir alle bester Stimmung. Ein ausgezeichneter Zeitpunkt, dachte ich mir, Ideen vorzutragen, deren Verwirklichung dem Partner vielleicht nicht unbedingt sympathisch sein könnte, mit Sicherheit aber sein Wohlwollen benötigte. Was ich von den Seehundsmenschen wollte, bedeutete für sie nämlich nicht allein Aufwand und Zeit, es erforderte auch eine ganze Portion persönlichen Einsatzes.

Dr. Mariane Reineck und Konrad Lüders, die Zieheltern aller Seehunde zwischen Borkum und Wilhelmshaven, zogen zweifelnd ihre Augenbrauen hoch, als ich meinen Plan vortrug. Aber unten in der Station lag Heuler an Heuler, und das reizte mich, meinen langgehegten Wunsch zu verwirklichen. Die meisten der Tiere waren Junikinder, erfolgreich schon umgestellt auf feste Fischnahrung. Lebten sie unter natürlichen Bedingungen im weiten Meer, wären sie bereits dabei, auf eigene Faust auf Garnelenjagd zu gehen. Kleine Krabben stellen für junge Robben in der freien Wildbahn die Übergangsnahrung von der Muttermilch zum Fisch dar. Tiermediziner bestätigen immer wieder: Nach der Öffnung tot angelandeter Jungseehunde findet man im Magen fünf- bis achtwöchiger Tiere fast ausschließlich Garnelen.

Für die Wilhemshavener Heuler müßte jetzt gerade, wären sie in Freiheit, der Drang zur Selbständigkeit zum Durchbruch kommen, die Epoche des Sichlösens aus mütterlicher Obhut. Ich aber hatte im Laufe meiner jahrelangen Heulerbeobachtung allmählich den Eindruck gewonnen, daß diese Entwicklungsphase bei den von Menschenhand aufgezogenen Seehunden erst viel später einsetzt und die Tiere weit länger unselbständig bleiben, d. h. ausdauernder an der Menschenmutter hängen als freie Seehundkinder an ihrer leiblichen Mutter.

Trifft das nun zu oder nicht? Das war das Thema unserer Diskussion. Mit einer Reihe von Fotos wollte ich dokumentieren, daß sogar ein ganzes Heulerrudel in diesen Lebenswochen die menschliche Gesellschaft selbst dann nicht verläßt, wenn man ihm das Angebot der großen Freiheit macht.

»Der Versuch ist mir einfach zu riskant! Die hauen uns doch ab. Und gleich ein halbes Dutzend...«, wehrte Konrad Lüders meinen Plan ab. Auch die »Seehundsmutter« meldete Bedenken an: »Unsere hier sind doch jetzt schon zu alt für solchen Spaß. Das hätten wir vor drei bis vier Wochen machen müssen. Nehmen Sie doch zwei meiner jüngsten Welpen. Für die lege ich meine Hand ins Feuer. Die schwimmen bestimmt nicht weg, und Sie haben Ihre Fotos.« Aber ich wollte ja gerade diese älteren Tiere und mindestens sechs von ihnen in der Jade schwimmen lassen. Nicht nur einen oder zwei der ganz Jungen. Einzeltiere zeigten meiner Kamera schon zu oft ihre Anhänglichkeit Menschen gegenüber.

Draußen zog hellerleuchtet mit bunten Lämpchen die »Wilhelmshaven« vorbei dem Anleger entgegen. Wir schauten ihr nach. Plötzlich fragte Konrad Lüders: »Mir ist nicht wohl bei der ganzen Sache. Aber wenn ich trotzdem aus alter Freundschaft zu Ihnen mitmache, was passiert, wenn die Hunde davonschwimmen? Wer zahlt uns die Aufzuchtkosten?«

Das also war des Pudels Kern! Warum nur hatte er das nicht gleich gesagt? Dem konnte abgeholfen werden. Ich war meiner Sache so sicher, daß ich mich ohne jedes Bedenken getraute, pro entkommenen Seehund eine Garantie von 250 DM zu übernehmen. Und mich beschlich dabei nicht im geringsten das Gefühl zu pokern, als ich mir für meinen Versuch sechs Tiere erbat.

Zu der Zeit, als ich mein Experiment vorbereitete, war man in Wilhelmshaven mit dem Markieren noch nicht soweit, und die Finanzierung der Aufzucht hing in der Luft. Konrad Lüders führte sie weitgehend mit Spenden und freiwilligen unentgeltlichen Arbeitskräften unter tatkräftiger Hilfe des Senckenberg-Instituts durch. Darüber hinausgehende Kosten deckte er durch Verkäufe von Seehunden an Zoos, und gerade auf diese Einkünfte konnte er nicht verzichten. Jeder gerettete Heuler bedeutete damals also nicht nur einen Schritt weiter in der Aufzuchtforschung, sondern darüber hinaus Kapital, dringendst benötigt für die Finanzierung der Aufzucht im kommenden Jahr. Heute fließen die Mittel für den Betrieb der Aufzuchtstationen in Niedersachsen wie in Schleswig-Holstein aus den Kassen der Landesjagdverbände. Die Finanzierung erfolgt aus den Einnahmen, die Jagdscheingebühren hereinbringen.

Konrad Lüders wollte auf Nummer Sicher gehen und Risiken möglichst ausschließen. Das offenbarte der nächste Morgen: Ich hatte erwartet, allein mit den »Seehundseltern« Reineck und Lüders den Versuch durchzuführen. Aber jetzt sah ich auf der Station neben jedem Heuler einen Menschen: Sechs Heuler, sechs Menschen. Der vorsichtige Lüders war gerade dabei, Leute, die gut schwimmen konnten, auf seine Seehunde zu verteilen: Mariane Reineck, ihre älteste Tochter, zwei Doktoranden vom Senckenberg-Institut und seine beiden eigenen Kinder. So hatte ich mir das ja nun nicht vorgestellt! Mein kleines Heulerrudel sollte doch nicht wie eine Rotte Strafgefangener mit ihren Aufsehern ins Wasser steigen, sondern zu einer freien Entscheidung angereizt werden.

Die kleinen Welpen mußten verladen werden: Auf einen gummibereiften Fahrradanhänger kamen vier, die beiden restlichen in die blecherne Sänfte einer Waschwanne. Vom »Seehundvater« kommandiert, eskortiert von den anderen ging es unter dem anfeuernden Gekläff von Kocky, dem Lüders-Dackel, die paar hundert Meter deichrauf, deichrunter zur offenen Jade hin. Ein höchst ungewöhnlicher Umzug. Denn wer bringt schon ein Rudel Seehunde zum Schwimmen ans Meer? Meine kleinen Hauptdarsteller machten zu allem nur erstaunte Augen. Geduldig ließen sie sich am Gestade ausladen und ans Wasser tragen. Sicherheitshalber wurde Teckel Kocky angeleint. Dann stand er oben am Deich wie auf dem Feldherrnhügel und beobachtete argwöhnisch, was sich da am Wasser tat. Ich hängte mir drei Kameras um den Hals. Es konnte losgehen.

Sprungbereit ließen die Bewacher ihre Schützlinge zu Wasser, Stapellauf einer ganzen Seehundflotille. Verdutzt schauten sich die Seehunde nach den Menschen um. Sie waren ratlos. Mit der Endlosigkeit des Meeres konnten sie nichts anfangen, das war unverkennbar. Im Flachen robbten die Tiere ziellos hin und her. Sie reckten die Hälse, drehten ihre Kugelköpfe zur See, schauten zum Land. Plötzlich begann eines von ihnen klagend zu heulen. Und, als hätten die anderen nur auf den Vorsänger gewartet, fielen sie im Chor ein. Ein schauriges Sextett! Eine Melodie der Angst.

Daß sich die seelische Belastung der Seehundwelpen schon in den ersten Minuten so gewaltig akustisch äußern würde, erwartete ich nicht. Konrad Lüders konnte aufatmen: Keine der Robben wagte sich ins tiefere Wasser, nicht ein einziger Heuler getraute sich weiter als die eigene Körperlänge vom Ufer weg. Im Gegenteil: Jedes Tier sah zu, so rasch wie möglich aufs feste Element zurückzuklimmen. Versuchte einer der Helfer, seinen Heuler wieder ins Meer zu drücken, wurde sein Bemühen mit Abwehr und erneuten lauten Klagelauten beantwortet. Würden die jungen Robben sich vielleicht weiter hinauswagen, wenn ein Mensch hinausschwimmt?

Der Doktorand aus Indien sprang ins kühle Naß, erfolglos. Kein Seehund setzte ihm nach. Erst als der dritte, der vierte Betreuer hinausschwamm, wurde das Rudel unsicher und schaute hin- und hergerissen bald zur offenen See hinaus, bald zum Ufer hin. »Kommen Sie!« sagte Lüders, »wir müssen weiter weg vom Wasser. Die Tiere dürfen uns nicht so deutlich sehen. Sie schwimmen ja sonst nie hinaus...« Erst als sich alle Menschen im Wasser tummelten, trennten sich die Seehunde vom Land, schwammen mit und begannen zu spielen, miteinander und mit den Menschen. Kam aber eine Robbe in der Hitze des Haschens nur etwas weiter von ihnen ab, wendete sie mit einer raschen Volte. »Unwahrscheinlich!« murmelte Lüders. »Und ich hatte gedacht, wir müßten sie hüten wie einen Sack Flöhe!« Wir schauten hinaus, ich machte Aufnahme um Aufnahme.

Was war denn das? War das nicht die Tochter von Lüders? Sie schrie wie am Spieß. Ob sie ein Seehund überfiel? Lüders riß seinen Fernstecher an die Augen: »Ich werde verrückt. Die Göre ist ›Seehundsmutter‹ geworden!« Lüders gab mir sein Glas. Jetzt schwamm das Mädchen hastig zum Ufer zurück. Auf ihrem Rücken hielt sich ein Heuler mit seinen Vorderflossen fest, ließ sich Huckepack tragen wie von seiner leiblichen Seehundsmutter, wenn er müde ist. Niemand konnte ihm je ein solches Verhalten beigebracht haben. So rasch ich konnte, rannte ich zum Wasser. »Langsamer schwimmen! Langsamer!« schrie ich, um noch zu ein paar einmaligen Bildern zu kommen. Es langte aber nur für eines. Der Seehund rutschte zu schnell vom Rücken des Mädchens und strebte eilends an Land. Er hatte genug von seinem ungewollten Ausflug in die Freiheit, die für ihn noch keine war.

Nun schwammen auch die anderen spielend und tobend dem Strande zu. Dabei waren die Seehunde immer wieder peinlich darauf bedacht, den Abstand von den Menschen ja nicht zu groß werden zu lassen, sie wollten möglichst mit ihnen in Hautkontakt bleiben. Die Schwimmer stiegen an Land, und nicht eines der Tiere wollte ohne menschliche Gesellschaft noch länger im Wasser bleiben. Alle robbten, so rasch sie es vermochten, aufs Feste, wälzten sich genüßlich auf dem warmen Boden. Die Helfer trockneten sich ab und zogen ihre Bademäntel an.

Kocky, wieder frei vom Karabinerhaben, umschnüffelte das ruhende Rudel. Kam er dabei allerdings einem Seehund allzu nahe, gab es Ärger mit der Robbe: Der Heuler fauchte und zeigte drohend seine Zähne. Da paßte irgend etwas nicht ins Verhaltensinventar der Robben. Bald nahm das Rudel keine Kenntnis mehr von ihm. Dackel Kocky gab sein Bemühen um die faulen Wasserhunde auf, die seine so freundlichen Gesten so unwirsch und dann interesselos beantwortet hatten. Mit den Brüdern aus dem Meer war eben nichts Rechtes anzufangen. Er startete noch einen letzten Versuch: Demonstrativ setzte er an der Wäschewanne sein Urinsignal. Vergeblich! Keine Robbe nahm es zur Kenntis, kein Seehund machte sich auf, es zu beschnüffeln oder gar seine Hinterflosse ebenfalls zu heben. Resignierend machte sich der Dackel flach, legte den Kopf auf seine Vorderpfoten und beobachtete von unten und aus gewisser Entfernung die eigentümlichen Verwandten.

Plötzlich aber änderte sich die Situation. Ein Seehundwelpe machte sich auf, robbte auf Kocky zu und streckte seine Schnauze der Dackelnase entgegen. Eine zweite Robbe folgte. Kocky zeigte sich verwirrt, und vorsorglich bleckte er erst mal mit schräger Miene sein Gebiß. Das störte den Wasserhund nicht im geringsten, er kam noch näher heran. Jetzt schienen seine langen Tasthaare Kockys Kinn zu kitzeln. Der fuhr erschrocken hoch und schüttelte seinen Kopf wie nach einem Regen. Da streckte der Seehund seinen Kopf noch länger vor — ganz lang und schlank wurde er dabei —, stupste ganz vorsichtig von unten her seine Nase gegen die des Dakkels und applizierte dem Hund vom Lande seinen allerbesten Robbennasenkuß, das Innigste, was er zu vergeben hatte. Kocky hielt, etwas verlegen schien es mir, ganz stille und zog hörbar die Atemluft der kleinen Robbe ein. Dann aber wurde ihm die Sache etwas unheimlich. Er stand auf, wedelte kurz mit seiner Rute und trollte sich in Richtung seines Herrn.

Die ganze köstliche Szene hielt ich in einer Reihe von Aufnahmen fest, ein reizender Schlußpunkt für meinen erfolgreich abgelaufenen Versuch. Meine Fragen waren von den Seehunden positiv beantwortet, die optischen Dokumentationen des Resultats auf den Filmen. Und die »Seehundseltern« hatten alle ihre Kinder unbeschadet wieder. Nun konnte es getrost nach Hause gehen.

Wir machten uns ans Verladen unseres Rudels. Da aber gab es ganz unvorhergesehen eine Überraschung: Die Bande machte Schwierigkeiten. Kaum hatte man einen Heuler in den Kasten des schrägstehenden Fahrradanhängers gehievt, rutschte er ganz elegant schon wieder nach draußen. Das ging so schnell, daß wir nicht dazu kamen, den zweiten, geschweige denn den dritten oder gar den vierten einzuladen. Nun hatten im Nu alle Mann alle Hände voll zu tun. Man kann sich gar nicht vorstellen, welches Leben und welche Kraft die so unbehende erscheinenden Walzenkörper entwickeln können, wenn ihnen etwas gegen den Strich geht. Sie wollten eben noch in der Sonne liegen bleiben und hatten etwas gegen das Gefahrenwerden. Was Seehunden ja auch nicht so bekömmlich ist, wie uns schon der Jean vom Eimerbagger kundtat.

Das alles spielte sich in einem letzten Julidrittel ab. Drei Monate später wäre ich bei einem solchen Versuch mit denselben Tieren mit Sicherheit meine garantierten Gelder an Konrad Lüders losgeworden.

Die zudringliche Kegelrobbe von Travemünde

Am 1. August 1972 veröffentlichte Georg Fischer, ein Mitarbeiter der Lübecker Nachrichten, in der Kurzeitung des Ostseebades Travemünde eine Geschichte, die mit einem nichtalltäglichen Hinweis an die Badegäste beginnt:

»Bekommen Sie bitte keinen Schreck, wenn Ihnen beim Baden oder Schwimmen vor dem Kurstrand möglicherweise ein Unbekannter auf die Schulter klopft oder Ihnen einen Stups gibt, um untertauchend schnell wieder zu verschwinden. Vielleicht sehen Sie sich einem Gesicht mit großen, runden Knopfaugen gegenüber. Dann ist die Begegnung mit Robby, der Travemünder Kegelrobbe komplett. Angst braucht niemand vor dem Tier zu haben, es ist völlig zahm, zutraulich und — wie die Vergangenheit bewiesen hat — oft genug aus, sich unter den Travemünder Gästen Spielkameraden zu suchen.«

Von einer freilebenden Robbe wird hier gesprochen, die sich ungezwungen und aus eigenem Entschluß den Menschen näherte, wie man es bisher nur von Delphinen kennt, kontaktsuchend und spielbereit. Das Meerestier von Travemünde ist allerdings kein Seehund, sondern eine Kegelrobbe, die von Rechts wegen an den sandigen, sanften Stränden der Ostsee nichts zu suchen hat. Ihre ursprüngliche Heimat ist schroff und felsig. Die Küsten, Inseln und Schären des Nordatlantik und der nordöstlichen Ostsee bilden ihr Biotop. Höchst bewegliche Vorderfüße mit je fünf langen Hakenkrallen an den Zehen ermöglichen diesen Robben das Erklimmen von Klippen, Riffen und steinigen Gestaden. Jeder Seehund müßte seiner kürzeren geraden Fingernägel wegen vor solchen Ufern kapitulieren.

Kegelrobben vor der deutschen Ostseeküste sind heute leider nur noch Irrgäste. Die Gründe für ihre Wanderung nach Westen sind unbekannt. Vor Finnland und Schweden bis einschließlich der Insel Bornholm soll es nur noch an die fünftausend Exemplare dieser Robbenart geben. Im gesamten deutschen Küstengebiet der Ostsee wurden nach 1945 keine Wurfplätze mehr festgestellt. Die Kriegsereignisse vertrieben wahrscheinlich die Kegelrobben aus den Gewässern um das felsige Rügen.

Felsen aber sind lebensnotwendig für Kegelrobben, die bis zu drei Meter Länge erreichen und das Durchschnittsmaß der Seehunde um einen vollen Meter übertrumpfen, sie haben das dreifache Gewicht eines Nordsee-Seehundes. Nur auf Felsen, die über der Flutlinie liegen, die das Wasser nie erreicht, können sie ihre Jungen werfen.

Kegelrobbenbabys tragen bei ihrer Geburt ein dickes Wollkleid, schneeweiß und flauschig, das sie erst nach ungefähr sechs Wochen abzustoßen beginnen. Erst wenn sie es ganz verloren haben, ist für die Jungen die Zeit gekommen, ins Wasser zu gehen und schwimmen zu lernen. Würden sie in ihrer dicken Babywolle zu schwimmen versuchen, sie würde sich im Nu vollsaugen, und die kleinen Tiere gingen unter. Kegelrobbenmütter sind daher sehr darauf bedacht, daß keines ihrer Kinder vor dieser Zeit ins Wasser geht, ganz im Gegensatz zu den Seehunden. Kegelrobben unterscheiden sich auch in der Form ihres Schädels vom kugelköpfigen Seehund. Man könnte an einen Vergleich zwischen Barsoi und Boxerhund denken.

Im Juni 1969 staunte man nicht schlecht, als plötzlich vor der Nordermole von Travemünde der Kopf einer Robbe aus dem Wasser lugte und ohne Scheu das Treiben an Land zu mustern begann. Zuerst glaubten die Leute in ihr einen Seehund zu erkennen. Da aber das Tier keine Anstalten machte, sofort zu verschwinden, sondern an den nächsten Tagen wieder am gleichen Platz erschien und schließlich sogar die Felsen vor der Mole geschickt erklomm, um sich dort in die Sonne zu legen, war es Zoologen ohne Schwierigkeiten möglich, den ungewöhnlichen Badegast als Kegelrobbe und überdies als Weibchen zu identifizieren.

Schnell sprach sich das Ereignis herum, die Zeitungen berichteten darüber. Und auf der Mole drängten sich die Schaulustigen. Es dauerte auch gar nicht lange, da hatte man einen Namen für die reizende Attraktion aus Poseidons Reich: »Robby« hieß alsbald das Meeresfräulein.

Zu Hunderten pilgerten Einheimische und Sommergäste zur Nordermole hinaus, um das Wunder der Natur vor ihrem Strande zu bestaunen. Robby störte das Gedränge auf der Mole nicht im geringsten. Das Travemünder Gestade hatte es ihr so angetan, daß sie nicht nur die Felsen annektierte und zu ihrem Lieblingsplatz erklärte, sondern Spaß daran zu finden schien, wenn ihre Wasserkapriolen bei den Zuschauern Begeisterungsstürme entfachten. Ja, man hatte bald den Eindruck, die Kegelrobbe warte förmlich auf Applaus.

Aber das alles war erst ein schüchterner Anfang. Die Travemünder ahnten nicht, was durch Robby alles auf sie noch zukommen würde. Es dauerte gar nicht lange, da begnügte sich die unternehmungslustige Kegelrobbendame mit der rein platonischen Zuneigung ihrer Bewunderer nicht mehr. Nur die Akustik der Anfeuerungsrufe und zärtliche Worte übers Meer, das war zu wenig. Sie wollte mehr, sie sehnte sich nach Hautkontakt. Da die Menschen ihr immer nur Freundlichkeit entgegenbrachten und sie anlockten, war es der Robbe nicht schwer, die letzte Hemmung wilder Tiere vor dem Menschen über Bord zu werfen: Robby entschloß sich, zahm zu werden und mit den Zweibeinern wie mit ihresgleichen das Spielen zu versuchen. Sie ließ sich hier und da sogar schon einmal anfassen und streicheln. Und im Handumdrehen hatte Robby einen festen Freund, den Bootsvermieter Otto Buck. Er hatte schon seit ihrem ersten Auftreten ein Auge auf sie geworfen. Für Robby bedeutete dieses Verhältnis aber durchaus nicht, daß sie nun anderen, die sich um sie bemühten, ihre Huld versagte. Aber den Otto hatte das Robbenfräulein ganz besonders in ihr Herz geschlossen. Das allerdings erkannte der Travemünder Bootsvermieter erst im folgenden Mai.

Im Spätherbst 1969 verschwand Robby so plötzlich, wie sie auftauchte. Wahrscheinlich hatte sie gespürt, daß ein harter Winter vor der Tür stand, denn alsbald bedeckte die Lübecker Bucht bis weit in die See hinaus eine dicke Eisschicht. Monatelang blieb Robby verschollen.

Als es Mai wurde, teilten sich die Fluten der Ostsee vor Travemünde, und Robbys Schnauzbart schaute fürwitzig zum Strande hin. Große Freude bei allen, die sie liebten. Auch die Kegelrobbe machte aus ihrer Zuneigung kein Hehl, und Otto Buck bekam ganz runde Seehundsaugen vor Erstaunen, als seine Meerjungfrau plötzlich auf ihn zuschwamm und nichts Eiligeres im Sinne hatte, als schnurstracks an Land zu robben, um sich von ihrem menschlichen Freund begrüßen und in die Arme nehmen zu lassen. Das hatte sie bisher noch nie getan.

Von diesem Augenblick an zog die zahme Kegelrobbe den weichen Strand dem kargen Felsen draußen an der Mole vor und hatte nichts dagegen, gestreichelt zu werden von jedem, der es mochte. Sie hielt sogar nach der Beutejagd inmitten der Menschen ihr Verdauungsschläfchen und dachte an nichts Böses. Ihre Harmlosigkeit jedoch bezahlte sie mit Brandwunden: Üble Menschen drückten auf Robbys Fell die Feuer ihrer Zigaretten aus. Otto Buck und seine Freunde starrten verständnislos auf die barbarischen Zeugnisse menschlichen Rowdytums. Von nun an wachten sie schärfer über Robbys Schlaf. Zu ihrer Freude aber nahm das Meerestier den häßlichen Vorfall nicht zum Anlaß, sein Verhalten zu ändern, obwohl ihm noch ein anderes Erlebnis kundtat, daß an Land nicht alles so geheuer war. Als die Kegelrobbe auf einem ihrer zahlreichen Ausflüge in die Umgebung von Travemünde vor dem benachbarten Niendorf ganz arglos im flachen Wasser ihre Schleifen zog, griff sie unversehens ein großer Schäferhund an und biß sie tief in die Schwanzflosse. Aber all das konnte Robbys Verhältnis zu den Menschen nicht trüben. Die Entartete brauchte einfach von Zeit zu Zeit den engen Kontakt zu anderen Säugetieren.

Allerdings ging das bei ihr nie soweit, daß sie sich füttern ließ. Obwohl Angler der Robbe ihre schönste frische Beute anboten, das Tier verschmähte die Fische. Es sorgte ja selbst für seinen Lebensunterhalt.

Daß Robby auch immer von ihren Exkursionen, die sie bis hinauf nach Grömitz führten, nach Travemünde zurückkehrte, lag sicherlich nicht zuletzt an ihrem Verhältnis zu Otto Buck, der keinen Tag verdämmern ließ, ohne mit dem Tier gespielt zu haben.

Im Oktober 1970 war Robby wieder von der Bildfläche verschwunden, das Bangen um ihre Rückkehr schlich sich in die Herzen ihrer Freunde. Aber pünktlich wie die Jahre zuvor erschien die Robbe im Mai 1971 vor der Nordermole, schwamm auf den Strand zu und schaute sich nach ihrem Bootsvermieter um. Das Spiel vom Jahr zuvor hob wieder an, nur toller als bisher. Völlig hemmungslos schoß das Tier im Wasser durch die Menge der schwimmenden Menschen, bald tauchte es unter ihnen hindurch, bald umkreiste es sie. Und robbte es schließlich müde an den Strand, ließ sie sich von allen streicheln. Robby machte jetzt auch keinen Unterschied mehr zwischen Fremden und alten guten Bekannten, sie trieb es mit jedem, sie begann mit ihrer Zudringlichkeit ahnungslose Schwimmer im Wasser zu belästigen.

»Nun ist es bestimmt nicht jedermanns Sache, plötzlich von einer Robbenflosse über den Rücken gestreichelt zu werden oder den schnaufenden Kopf der Robbendame auf seiner Schulter zu spüren. Eine Lübeckerin gab dann auch bei der Wasserschutzpolizei zu Protokoll, sie sei beim Schwimmen von der Robbe angegriffen worden«, schrieb damals Georg Fischer.

Badegäste empörten sich und forderten die Kurverwaltung energisch auf, schnellstens für Abhilfe zu sorgen und das zudringliche Vieh unverzüglich zu entfernen, sonst würden sie Travemünde verlassen. Zwar waren Robbys Gegner in der

Minderzahl, aber immerhin waren sie geldbringende Kurgäste. Mit einem Male sich sich die Kurverwaltung vor eine Entscheidung gestellt, die zu bewältigen sie sich nicht in der Lage sah. Die Kegelrobbe Robby war zu einem Travemünder Problem geworden.

Am Strand sammelten die erklärten Freunde des Tieres für sein weiteres Verbleiben Unterschriften von Strandkorb zu Strandkorb. Der Kurverwaltung überreichten sie wenig später ein Dokument mit 359 Namen. Zur gleichen Zeit operierte Otto Buck unter aller Anteilnahme einen großen Angelhaken aus dem Bauchspeck seiner Geliebten. Sie hatte ihn sich ins Fell gerissen, als sie zu ungestüm und nahe den Anglern an der Nordermole einen Besuch abstattete.

Als erste Reaktion auf die Beschwerden der Robbygegner ließ man zwei Schilder dort aufstellen, wo sich das Tier am häufigsten aufzuhalten pflegte. »Wer hier badet, trifft vielleicht Robby!« lautete ihr sehr neutraler Satz, mit dem man auf die Existenz der Kegelrobbe hinwies.

Als zweites wandte sich der Kurdirektor ratsuchend an Professor Grzimek und schrieb:

»In den letzten Wochen hat sich die Aktivität von Robby in einer Art und Weise entwickelt, die nunmehr der Kurverwaltung Sorgen macht. Sie schwimmt immer wieder zwischen den Menschen herum, und es kommt dabei vor, daß nichtsahnende Schwimmer erschrecken. In einzelnen Fällen hat sie auch nach Schwimmerinnen geschnappt, ohne jedoch fest zuzubeißen. Jedenfalls wurde der Kurverwaltung in einem Falle von einem erschreckten Kurgast eine Schürfwunde vorgezeigt. Bei diesem Zwischenfall ging auch der Badeanzug ›baden‹. Die Meinungen am Strand und über diesen hinaus sind gegenwärtig geteilt: Einerseits erfreut sich Robby weiterhin der Beliebtheit weiter Kreise, sie ist ein beliebtes Fotoobjekt, und mancher Badegast spielt mit der Robbe im seichten Wasser. Andererseits wird —allerdings von einer Minderheit — die Entfernung der Robbe kategorisch verlangt. Die Kurverwaltung sitzt zwischen den Stühlen. Sie schreckt vor Gewaltmaßnahmen selbstverständlich zurück.

Unsere Frage: Können Sie uns einen Rat geben, welche Maßnahmen geeignet sein könnten, den Spieltrieb oder auch die Aggressionslust der Robbe zu dämpfen, daß Badegäste nicht erschreckt werden?«

Bevor aber die Antwort aus Frankfurt eintraf, machte Robby schon wieder von sich reden.

Georg Fischer berichtete:

»Am frühen Nachmittag des 24. August (1971) tobte ein junger Mann mit Robby in der an diesem Tage sehr kräftigen Brandung herum. In der Nähe gingen zwei junge Mädchen ins Wasser, von denen eines dem Spiel der Wellen nicht so ganz gewachsen war. Die Freundin versuchte ihr zu helfen. Das beobachtete der mit Robby spielende Mann. Er eilte zu Hilfe. Als er das Mädchen im Griff hatte, kam plötzlich die Robbe von hinten angeschwommen und legte die Vorderflossen um die Schulter des Mannes. Das sah nun wirklich nicht mehr nach Spiel aus. Aber wenig später hatten die drei festen Grund unter den Füßen und waren in Sicherheit. Gefragt, ob die durch Robbys Verhalten hervorgerufene Situation nicht bei der Rettung hätte gefährlich werden können, erklärte wie aus der Pistole geschossen der junge Mann: ›Ganz im Gegenteil: Robby hat mir sehr geholfen. Während sie mit den Flossen meine Schulter hochdrückte, arbeitete sie ganz stark mit den Schwanzflossen und trieb mich so viel schneller strandwärts, als ich es mit eigener Kraft hätte schaffen können!‹ Diese verbürgte Episode brachte den endgültigen Durchbruch von Robbys Popularität.«

Die Kunde dieser Robbentat eilte bis nach Nordamerika — und in Travemünde bemühte man sich um eine Erklärung für Robbys so uneigennützig erscheinendes Verhalten. Professor Walther Harenburg aus Hamburg meinte:

»Natürlich hat das Robbenweibchen nicht ›vorsätzlich‹ einen Menschen vor dem Ertrinken gerettet. Ebensowenig aber wird eine Robbe einen Menschen zum Ertrinken bringen wollen oder können, wie anscheinend von verschiedenen Badegästen befürchtet wird. Diese von Natur aus gesellig lebenden Tiere kompensieren vielmehr, sobald sie von ihren Artgenossen versprengt worden sind, die ungewohnte Einsamkeit durch den hypotrophen Spieltrieb, zu dessen Befriedigung sie dann Menschen aufsuchen.«

Die scheinbare Unterstützung Robbys bei der Rettungsaktion hat eine ganz einfache Erklärung. Sie liegt darin begründet, daß sich beim Spiel im Wasser ermüdete Robbenkinder auf den Rücken der Mutter klammern, um sich von ihnen ans Ufer tragen zu lassen oder sich auf der lebendigen Insel des Mutterkörpers auszuruhen. Robby hatte ausgelassen mit dem jungen Mann in der Brandung getobt und war müde geworden. Als nun der menschliche Spielgefährte sich jäh dem Ufer zuwandte, um das Mädchen zu retten und dabei der Robbe den Rücken kehrte, sah diese eine gute Gelegenheit, ohne große Anstrengung auf seinem Rücken an den Strand zu gelangen. Sie klammerte sich nach Robbenart auf ihm fest und — da sie ja kein schwaches Kind mehr war — arbeitete ihre Schwanzflosse wie eine Schiffsschraube kräftig mit.

Eine Woche später traf die Antwort aus Frankfurt bei der Kurverwaltung in Travemünde ein. Prof. Grzimek schrieb:

»Für das von Ihnen angeschnittene Problem kann ich Ihnen leider auch keine Patentlösung anbieten, da es wohl keine Möglichkeit gibt, einer Kegelrobbe den Spieltrieb oder die Angriffslust zu nehmen. Eine Belästigung durch das Tier könnte wohl nur durch ein mechanisches Fernhalten der Robbe oder durch ein mehrmaliges Verjagen erreicht werden. Das dürfte aber nicht im Interesse der Mehrzahl der Badegäste liegen, die an dem Tier Freude haben. Es wird Ihnen also wohl nichts anderes übrigbleiben, als die etwas ängstlichen Badegäste vor der Begegnung mit der Robbe zu warnen.

Ich hoffe, daß die Kegelrobbe es nicht allzu schlimm treiben wird und daß möglichst viele Menschen Spaß an dem Tier haben.«

Während man sich in der Kurverwaltung die Köpfe über die Lösung des Kegelrobbenproblems zerbrach und Professoren um ihre Expertisen bat, vermittelte Otto Buck den Leuten am Strande eine ganz simple Methode, mit deren Hilfe man, ohne eine mechanische Fernhaltung ersinnen zu müssen, imstande war, Robbys Zudringlichkeiten in die Schranken zu verweisen. Ein kurzer Klaps mit flacher Hand auf die Nase der Übermütigen — und schon war man sie los und alles im Lot. Denn böse wurde auch nach solchem Klaps die Robby nie. Auch wenn Robben miteinander spielen, wird es einer mal zu viel und sie wehrt sich ganz einfach mit einem Flossenschlag...

Die kürzer werdenden Tage und sinkende Temperaturen kühlten die Gemüter ab und lösten das Problem ganz von selbst. Mit Einbruch der Kälte verschwand auch die Robbe wieder in die Weite der See.

Im Frühjahr 1972 — es war nun schon ihr viertes Travemünder Jahr — meldete sich Robby wieder zurück. Allerdings schien sie sich der zahlreichen vorjährigen Nasenstüber zu erinnern. Sie mied die von badenden Menschen überfluteten Strände und suchte ruhigere Regionen auf. Erst als die Saison sich ihrem Ende zuneigte und die Strandkörbe abgefahren wurden, kam Robby wieder öfter zu Otto Buck auf den Strand. Ende Oktober hatte sie die See wieder verschluckt, und alle freuten sich auf das Wiedersehen im nächsten Jahr.

Es sollte aber alles ganz anders kommen.

Am Dienstag, dem 21. November 1972, meldete man vom Timmendorfer Strand: »Robby ist wieder da!« Und sonntags drauf hatte Travemünde seine neue Robbensensation. Die »Lübecker Nachrichten« gaben ihr dreispaltig Raum. Unter dem Titel: Zweite Kegelrobbe vor dem Travemünder Strand — Holte sich »Robby« einen »Robbert«? berichtete Georg Fischer, inzwischen schon Spezialist für alle Robby-Meldungen:

»Man hatte lange nichts von Robby gehört. Über drei Wochen war sie dem seit vier Jahren als Heimatrevier angenommenen Kurstrand untreu geworden, hatte am letzten Dienstag am Timmendorfer Strand ein Gastspiel gegeben und sorgte nun am Sonntag für eine Sensation, wie sie verblüffender nicht sein konnte. Wie anders wäre es sonst erklärbar, daß Hunderte von Spaziergängern sich ungläubig die Augen wischten. Sie sahen doppelt, und damit richtig. Denn während Robby auf dem Strand ihre altbekannten Spiele trieb und mit sich treiben ließ, schwamm eine zweite Kegelrobbe im ufernahen flachen Wasser, machte Männchen und peilte mit großen, dunklen Augen auf das Geschehen. Mit Windeseile sprach es sich in Travemünde herum: Robby hat sich einen Partner mitgebracht. Vom Schwimmen hielt Robby an diesem Sonntag nicht viel. Sie hielt sich am Strand auf und spielte mit Otto Buck, ihrem alten Freund. Um so erstaunter waren Spaziergänger am frühen Nachmittag, die eben noch die Kegelrobbe auf dem Strand bewundert hatten, als sie ein paar Minuten später einen Robbenkopf aus dem strandnahen Wasser auftauchen sahen. Ein Blick zurück zu der Menschenansammlung bewies, daß tatsächlich eine zweite Kegelrobbe, die Kopfform zeugte davon, nach Travemünde gekommen war. Und dieses Tier muß ebenfalls wie Robby damals schon Kontakt mit Menschen gehabt haben, wie anders läßt es sich sonst erklären, daß es sich neugierig bis knapp zehn Meter an die Uferkante heranwagte, neugierig schauend Männchen machte und nur einmal untertauchend die Flucht ergriff, als ein großer Schäferhund sich daran machte, ins Wasser zu gehen, um zu ergründen, was da draußen herumschwimmt.

Otto Buck, der wie kaum ein anderer auf Robby eingeschworen ist versuchte mit List und Tücke, ein Rendezvous zusammenzubringen. Freiwillig allerdings ließ sich die Travemünder Robbe dazu nicht bewegen. Also spielte der Freund Schubkarre mit ihr, hob sie an den Schwanzflossen hoch, so daß sie mit den Vorderflossen Richtung Wasser robben mußte. An der Uferkante war jedoch Schluß. Zwar nahmen die beiden Robben Augenverbindung miteinander auf, aber Robby zierte sich wie ein junges Mädchen und machte schnellstens kehrt.

Die Nähe und die Aufmerksamkeit der Menschen schien ihr wichtiger als der Partner eigener Rasse im Wasser. Sie spielte am Strande mit der Lübecker Schauspielerin Ilse Hedergott genauso vertraut wie mit Otto Buck und verzog auch keine Miene, als die junge Frau plötzlich im Badeanzug dastand und sie zu einem Schwimmausflug einladen wollte. Aber Robby lehnte ab.

So blieb Ilse Hedergott nichts weiter übrig, als zu versuchen, der neuangekommenen Kegelrobbe den Willkommensgruß Travemündes zu entbieten. Bei zwei Grad Celsius Lufttemperatur und acht Grad im Wasser ein Vergnügen, das sich nur hart trainierte Herbst- und Winterbader erlauben.

Der Neuankömmling nahm auch gebührend Kenntnis von der Schwimmerin, hielt aber immer einen Abstand von mindestens fünf Meter. So ganz traute er der Sache dann doch nicht. Nach rund zehn Minuten war dieses Intermezzo vorbei, die Zuschauer konnten sich die in dieser Zeit zugelegte Gänsehaut wieder abgewöhnen.

Was Robby nun mit der anderen Kegelrobbe anfängt, muß die Zukunft zeigen. Falls sie ein Männchen ist, was wir alle wünschen, bietet sich der Name ›Robbert‹ an. ›Robbert‹ und ›Robby‹, was für ein schönes Paar — und alles zum Ruhme Travemündes.«

Es blieben Wunschträume. Die fremde Kegelrobbe stromerte noch ein paar Tage durch Robbys Revier und war eines Morgens verschwunden, ohne deren Gunst erringen zu können. Niemand hatte beobachtet, daß die beiden Robben Kontakt zueinander aufnahmen. Wahrscheinlich war jedes der Tiere schon so auf Menschen geprägt und seiner eigenen Art abgewandt, daß es mit dem anderen nichts anzufangen wußte. Außerdem wurde ja nie bekannt, ob trotz ihrer Größe die andere Robbe nicht auch ein Weibchen war.

Die Enttäuschung aller Robby-Freunde war groß, als sie erkennen mußten, daß die Fremde auf Nimmerwiedersehen verschwunden blieb. Man hatte Robby doch so sehr einen Artgenossen gewünscht. Der Kalender zeigte schon den 5. Dezember, und immer noch kam Robby an den Strand, als sei es der schönste Sommer. Sie dachte nicht daran, ihre Menschen zu verlassen. Den ganzen Winter über hielt sie sich in den Travemünder Gewässern auf, zum ersten Mal in ihrem Leben, ließ sich verwöhnen und beschmusen.

In der kommenden Hauptsaison allerdings — es war ihre fünfte und man schrieb das Jahr 1973 — machte sich die Kegelrobbe rar. Nur an ruhigen Küstenstreifen wurde sie noch gesehen und hin und wieder beobachtete man sie auch vor Travemünde. Aber die tollen Eskapaden von 1971 wiederholten sich nicht. Dem Trubel vor den Stränden waren Robbys Nerven anscheinend nicht mehr gewachsen, sie wich ihm offensichtlich aus.

Auch Robbys erklärten Freunden ist die Zurückhaltung der Kegelrobbe durchaus willkommen, denn die Gefahren, die dem Tier durch unvernünftige Menschen drohen, wenn es tolpatschig und unbeholfen am Strand liegt, waren doch jetzt weitgehend ausgeschaltet. Im übrigen: Ihnen entgeht ja ihre Freundin nicht. Sie wissen aus Erfahrung: Ist der letzte Strandkorb im Schuppen, der letzte Fremde abgereist, steigt Robby wieder aus dem Meer, hat sie es sich nicht anders überlegt.

Bleibt das Meerestier seinen artfremden Gewohnheiten treu — und alles spricht dafür —, haben die Travemünder noch lange ihr Vergnügen an diesem ungewöhnlichen Badegast. Robben sollen eine Lebensdauer zwischen 30 und 60 Jahren haben, sagen alte Seehundsjäger, Wissenschaftler sprechen von 19, im Zoo von Skansen in Schweden (vor Stockholm) hatten vor Jahren schon ein Seehund seine nachweislichen 26 Jahre und der Kegelrobbenbulle »Jakob« sogar seine 43 auf dem behaarten Buckel.

Pelze zum Wegwerfen

Taucht eine Kegelrobbe aus den Fluten und zeigt nur ihren Kopf von vorn, hält man sie in den meisten Fällen zuerst für einen Seehund. Es ist gar nicht so einfach, auf Anhieb eine Kegelrobbe auszumachen. Erst das Profil weist die Visitenkarte vor, es zeigt das Dreieck eines Kegels. Ein Seehundskopf, kugelrund nach allen Seiten, gleicht dagegen einem Ball. Gäben sich die Vertreter beider Arten am gleichen Strand ein Stelldichein, träten klar die mächtigeren Abmessungen der Kegelrobbe in Erscheinung: Im Schnitt um einen Meter länger — 3 Meter mißt so ein ausgewachsener Kegelrobbenbulle — und um das Dreifache gewichtiger als der Nordsee-Seehund mit seinen 100 Kilo. Seehunde lieben die sandigen Flächen der Bänke im Watt, Kegelrobben sind auf Felsen und Klippen zu Hause. Je mehr man sich mit den beiden so nah verwandten Arten befaßt und ihre Methoden, das amphibische Dasein zu meistern, vergleicht, um so erstaunter stellt man fest, wie grundverschieden doch ihre Lebenswege von Anfang an verlaufen.

Ostseekegelrobben haben die unerklärliche Eigenart, ihren Kindern ausgerechnet in der kältesten Zeit des Jahres das Leben zu schenken. Zwischen Ende Januar und Anfang März kommen ihre Babys zur Welt, die Robben im Nordatlantik tun das zwischen Oktober und November. Niemand vermag bisher darüber Aufschluß zu geben, warum die Kegelrobben gerade diese Termine bevorzugen, ihre nächsten Verwandten, die Seehunde, auf der Nordseeseite sich zu dem gleichen Geschäft aber den warmen Frühsommer ausgesucht haben.

Unsere beiden heimischen Robbenarten, der Seehund und die Kegelrobbe — die letztere spreche ich auch jetzt noch als heimisch an, obwohl sie seit 1945 vor Deutschlands Ostseeküste keine Wurfplätze mehr bezog — unterscheiden sich in ihrem Verhalten sehr stark. Bereits im Augenblick ihrer Geburt offenbaren sich so gegensätzliche physische und verhaltensbedingte Abläufe, daß der Beobachter solchen Geschehens den Eindruck gewinnt, auf der einen Seite bemühe sich die zärtlichste Robbenmutter dieser Erde um ihr Neugeborenes, dort aber wäre eine rohe »Rabenmutter« am Werke, ihren Säugling umgehend zu ertränken.

Was einen jedoch veranlaßt, zu der Meinung zu kommen, die Abart einer Mutter mache sich daran, ihr Kind sofort nach der Geburt zu töten, ist ein allein bei Seehunden beobachtetes Verhalten. Am 28. Februar 1956 schrieb mir Dr. Kurt Ehlers aus Bremerhaven und schilderte in seinen Zeilen unter anderem eine Seehundsgeburt, deren Ablauf er in seinen »Tiergrotten« minutiös verfolgen konnte:

»Morgens ca. 7.30 Uhr, wenn noch keine Besucher anwesend sind, mache ich meinen Rundgang von Tier zu Tier. Es ist der 4. Juli 1955. Als ich an das Seehundsbecken gelange, sehe ich über die Felsenspitze hinweg, ohne selber gesehen zu werden, daß unsere helle Seehündin in der einen Ecke am Lande liegt und zweifellos Wehen hat. Sie liegt mit dem ganzen Körper auf dem Trockenen, aber doch unmittelbar am Wasser. Ohne mich bemerkbar zu machen, ja, eher darauf bedacht, nicht entdeckt zu werden, spähe ich durch die Lücke zweier Felsen. Die Robbe liegt in linker Seitenlage und preßt und stöhnt, wie ich es als Tierarzt von Geburten unserer Landtiere kenne. Plötzlich zeigt sich ein Stück der Fruchtblase, nachdem aber immerhin von Beginn meiner Beobachtung 12 Minuten vergangen sind. Das Tier wendet den Kopf zum Geburtsweg hin, und es hat den Anschein, als wolle es jetzt an der immer stärker heraustretenden Blase ziehen. Dieser Vorgang wiederholte sich, nur immer unterbrochen von starken Austreibungswehen, in etlichen Minuten drei- bis viermal. Plötzlich, zweifellos hatte die Seehündin die Fruchtblase mit den Zähnen zerrissen, stürzte mit Schleim und Blut das Junge — den Kopf voraus — ins Leben. Die Mutter wendete sich sofort und befreite ihr Kind von den Eihüllen. Ob der Nabel abgebissen wurde oder ob er beim Herausgleiten abriß, konnte ich nicht feststellen. Die Mutter war nun stark bemüht, das Junge klar aus der Hülle ›herauszuschälen‹, um es dann ganz plötzlich — es waren von Beginn bis jetzt 22 Minuten vergangen — in den Nacken zu nehmen, ähnlich wie eine Hündin ihre Jungen, und ins Wasser zu stoßen. Der kleine Seehundsjunge — er ist bei der Geburt bereits 82 cm lang (das ist ein Drittel der Länge seiner Mutter) und 10,5 Kilo schwer, wir haben es am gleichen Tage festgestellt — tauchte immer wieder jämmerlich schreiend auf, um stets wieder hilflos abzusinken. Es bestand der Eindruck, als ob das Junge schreie: ›Hilfe! Hilfe! Ich ertrinke!‹ Fast war ich versucht, seinem Hilfeschrei zu folgen. Da aber glitt die scheinbare Rabenmutter elegant und lautlos hinterher. Die Robbenmutter unterschwamm ihr Kind, nachdem sie es, wenn es wieder einmal hilferufend aufgetaucht war, mit einem leichten Flossenschlag erneut untergetaucht hatte. So erreichte sie in kurzer Zeit, indem sie den kleinen wie hilflos schwebenden Körper immer zur rechten Zeit unterstützte und ihn nie völlig absinken ließ, daß er nie zu viel Wasser schluckte und stets vor dem neuen Zwangstauchen genügend Luft einatmen konnte. Dieser Vorgang währte eine volle Stunde, und in dieser Zeit wurde der junge Seehund in seinem eigentlichen Element heimisch. Bald schwamm er schon recht sicher und tauchte von allein und ohne Hemmungen. Alsdann nahm ihn die Mutter, indem sie ihn mit ihrer Nase an Land stupste — der kleine Kerl hatte noch zu weiche Nägel, um sich selber an unseren ›Betonstrand‹ ziehen zu können — zu sich und es begann ein fröhliches Trinken, bis der Milchschaum um den Bart des Kleinen stand. Er brauchte auch gar nicht lange, bis er die Zitze gefunden hatte. Nun hat die Welt einen Seehund mehr.

Die anschließend betrachtete Nachgeburt war in jeder Beziehung einwandfrei, auch enthielt sie das im Mutterleib beim Jungen bereits entwickelte Fell in Gestalt von Milliarden kleinster Haare, den sogenannten Babypelz. Da Seehundsmütter ihre Nachgeburt anschließend an die Geburt gern auffressen — die Ansichten über den Wert solcher Aufnahme sind verschieden —, ließ ich sie, um keine Komplikationen in der Verdauung des Tieres anrichten zu lassen, beseitigen.

Der kleine Seehund schwimmt nun täglich mit seiner Mutter, und alle Stunde oder auch mal mehrere Stunden gehen beide an Land und er trinkt sich satt. Nach 6 bis 8 Wochen kommt er dann in ein eigenes Becken. Er wird von der Mutter getrennt und muß dann lernen, selber Nahrung aufzunehmen.«

Nicht alle Seehundbabys kommen wie dieser Bremerhavener mit einem so in seine einzelnen Bestandteile zerlegten Pelz zur Welt. Andere bringen das gute Baby-Ausstattungsstück bei ihrem Erscheinen aus dem Mutterleib ganz mit ans Tageslicht und platzen hier erst aus der haarigen Pelle. Große Stücke des Embryonalfelles liegen dann am Geburtsort herum, zusammen mit Nachgeburt und zerrissener Fruchtblase ein Magnet für alle Möwen. Sie stürzen sich auf die Zeugnisse des frohen Ereignisses, zanken sich laut um die besten Stücke und verschlingen sie an Ort und Stelle. In kurzer Zeit ist alles wieder blitzeblank, die Gesundheitspolizei hat ihren Dienst getan, und die nächste Flut spült die blutige Verfärbung des weißen Sandes fort. Scharfen Fischeraugen entgehen solche Möwenansammlungen auf den Bänken kaum. Einst waren sie ihnen Wegweiser zur leichten Seehundsbeute.

In der Wilhelmshavener Aufzuchtstation wurde im Juli 1970 sogar ein Heuler eingeliefert, der sich von seinem Babypelz nicht hatte trennen können. Eine Ausnahme bei den Seehunden vor der Nordseeküste.

Da sein dichtes Fellchen nach dem Schwimmen immer sehr schwer auftrocknete, sorgte sich Frau Dr. Reineck, der Kleine könne sich im frischen Jadewind erkälten. Kurzentschlossen holte sie den Fön aus ihrem Schlafzimmer und pustete das Pelzchen trocken. Acht Tage später trennte sich der Säugling Stück für Stück von einem Mantel, den er als Seehund eigentlich gar nicht hätte tragen dürfen. In der freien Wildbahn wäre er wahrscheinlich mit dem ewig salzwassernassen Ding schon längst eingegangen.

Was aber Robbenmütter anderer Arten tun, deren Kinder das pelzige Attribut ihrer ersten Babyzeit wochenlang noch tragen, erzählte mir Dr. Ehlers ebenfalls in dem bereits zitierten Brief:

»Im Gegensatz zum Seehund, der durch die Gewaltaktionen seiner Mutter sofort nach der Geburt schwimmen lernt, steht der Seelöwe. Unser kleiner ›Nauke‹ wurde am 7. Juni 1955 geboren. Seine Mutter heißt ›Sonny‹ und auch deren Mutter, also ›Naukes‹ Großmutter, lebt in den ›Tiergrotten‹ und wird ›Inge‹ gerufen. Sie ist nun schon 30 Jahre alt und gab in den ›Tiergrotten‹ manchem Seelöwenkinde das Leben. Doch nun zur Geburt des ›Nauke‹, die ich ebenfalls von Beginn an bis zum Ende miterlebte.

Sonny ging abends schon mehrfach aufgeregt hin und her, das heißt, sie robbte vom Wasser kommend an Land und in die dunkle Schlafkoje. Immerhin ein auffälliges Wesen in einer Zeit, wo die Geburt erwartet wird. Sonny wurde laufend daher von mir beobachtet.

Die Wehen — das Tier lag jetzt nur noch in der Schlafbox — begannen am 6. Juni abends um 21.00 Uhr. Und erst am nächsten Tag morgens um 2.30 Uhr war Nauke geboren. Auch er kam mit dem Kopf zuerst. Die Mutter hat in diesen langen Nachtstunden zum Teil fürchterlich geschrien. Gestöhnt hat sie nie. Trotz vieler, vieler Geburten, die ich im Laufe der Jahrzehnte bei Pferd, Rind, Hund, Katze, Schwein, Rentier, Affen und Kaninchen mitgemacht habe, zerrte diese Geburtsnacht hart an meinen Nerven. Sonnys Schreien war furchtbar. Als dann morgens Nauke endlich da war, wurde die Nachgeburt beseitigt und er lag bald an Sonnys Brust und schmatzte. Als der Tag am 7. Juni hell wurde, da erst konnte ich den kleinen Seelöwen richtig betrachten, denn die Taschenlampe in der Nacht durfte ja, um die aufgeregte Wöchnerin nicht unnütz zu erregen, nur ab und zu kurz aufblitzen.

Wie ganz anders sieht doch so ein kleiner Bursche im Gegensatz zu einem neugeborenen Seehund aus! Ein Seehundbaby ist gleich drall und fest, während der junge Seelöwe ein Bündel von lauter Hautfalten darstellt. Er sieht so lebensuntüchtig aus, so hilfsbedürftig, schludderig ohne Saft und Kraft. Kurz, es mangelte einem an Zutrauen, daß er am Leben bleibt. Nun, es besteht natürlich ein erheblicher Gegensatz zwischen dem Seehund und dem Seelöwen. Der Seelöwe hat zum Beispiel im Mutterleibe ein Fell gebildet, welches wollig-pelzig ist und Wasser aufsaugt. Er stößt es nicht bei der Geburt ab wie das Seehundbaby. Er kann auch nicht sofort schwimmen, sondern muß gute sechs Wochen warten, bis sich auf seiner Haut ein anderer Pelz gebildet hat und das weit längere Embryonalfell abgestoßen ist. Ist dieser Zeitpunkt erreicht, wird er erstmalig von seiner Mutter zum Wasser geführt.

In den ersten sechs Wochen gibt die Seelöwenmutter laufend acht — und das Pflegepersonal natürlich auch —, daß der kleine Säugling nicht zu nahe ans Wasser gelangt. Als Lungenatmer nämlich würde er sehr schnell ertrinken, weil sich der dicke Babypelz voll Wasser saugen würde. Es ist rührend zu beobachten, wie die Seelöwenmutter ihr Kind, das natürlich seine Umwelt neugierig erkunden will, immer wieder mit ihrer langen Schnauze vom Wasser zurückdrückt.

Nach sechs Wochen treibt Sonny ihren Sohn ganz vorsichtig zum Wasser. Zuerst hat der Kleine Hemmungen wie jeder Nichtschwimmer. Hat er dann aber nach langem Zögern seine Hemmungen überwunden und taucht endlich in sein neues Element, so ist er sofort und ohne großes Geschrei ein kleiner Meisterschwimmer. Gut ein halbes Jahr lebt er allein von der Muttermilch. Alsdann werden ihm kleine Heringsfiletstückchen angeboten, mit denen er zuerst nur spielt. Dann schluckt er manche, nachdem er darauf herumgekaut hat. Die erste Fremdnahrung hat er angenommen. Ein wenig später greift er wie die Mutter nach ganzen Heringen, die er sich ›um die Ohren‹ schlägt und so zerstückelt.

Immer aber trinkt er noch zwischendurch an der Mutter, auch heute noch (28. Februar 1956), wo er schon ein prächtiger Bursche ist und täglich seine zehn und mehr Heringe verzehrt.

Im April werden wir ihn von der Mutter trennen, um ihn vollständig selbständig werden zu lassen.«

Was mir Dr. Ehlers vom Werden eines jungen kalifornischen Seelöwen berichtete, gilt genauso für die ersten Lebenswochen der europäischen Kegelrobbe. Auch sie zieht ihren Babypelz erst nach einigen Wochen aus und wirft den nun hinderlich gewordenen Mantel Stück um Stück über Bord.

Im Zoo von Rostock wurde 1966 eine Kegelrobbe geboren. Ihre Eltern lebten schon seit zehn Jahren hier. Sie gingen als vier Wochen alte Säuglinge zusammen mit einem Fischschwarm Hochseefischern in der östlichen Ostsee in die Netze. Damals waren die Tiere gerade dabei, ihr Embryonalfell abzustoßen. Eigentlich gehörten sie in dieser Entwicklungsphase noch gar nicht ins Wasser und können nur durch widriges Wetter oder einen anderen Unglücksfall von ihrem trockenen Wurffelsen abgekommen sein. Ohne die Fischer wären sie wahrscheinlich elend umgekommen.

Im Zoo von Rostock — erst 1956 gegründet — machte man sich nach bewährtem Muster an die Zwangsernährung der kleinen Kegelrobben, zuerst Fischbrei durch die Magenschlauchsonde wie in Wilhelmshaven, dann stopfte man Hering. Nach der erfolgreichen Überwindung der Schwierigkeiten bei der Nahrungsumstellung fand sich das Kegelrobbenpaar so gut mit der Gefangenschaft ab, daß es acht Jahre später an die Familiengründung ging. Leider muß die erste Geburt im Wasser stattgefunden haben. Am Morgen des 4. Februar 1965 fand man das Robbenbaby tot auf. Der Sektionsbefund ergab: Lunge unbeatmet. Über die zweite Geburt liegt mir ein Aufzuchtsbericht vor, den ich in Auszügen wiedergebe:

»Für das Jahr 1966 unternahmen wir frühzeitig einige Veränderungen. So wurde der Bulle isoliert, und wir ließen in der Zeit des ungefähren Wurftermins nur noch tagsüber Wasser ins Becken. Die Wächter waren angewiesen, nachts sehr häufig Kontrollgänge zum Kegelrobbenbassin durchzuführen.

Am 29. Januar 1966 gegen 4.00 Uhr morgens hörte dann ein Kollege ein schafähnliches Blöken, dessen Ursprung er sich nicht erklären konnte. Zum Glück kontrollierte er daraufhin gleich die Robbenanlage und fand unter einem Baum, dicht an den Stamm geschmiegt, das weiße, feuchte Wollknäuel. Da der Welpe zu dieser Zeit stimmlich sehr aktiv war, versäumten wir nicht, sofort Tonbandaufnahmen zu machen.

An den ersten beiden Lebenstagen konnten wir nicht beobachten, daß an der mütterlichen Milchquelle gesaugt wurde, so daß wir uns wohl oder übel auf eine künstliche Aufzucht einrichten mußten. Die letzte von uns gestellte Frist für eine Selbstversorgung lief Mitte des dritten Tages ab. Mit dem Gongschlag fand das Jungtier die in Taschen versteckten Zitzen und hielt eine ausgiebige Mahlzeit. Es ist verständlich, daß wir heilfroh waren über diese den Umständen nach ›außergewöhnliche‹ Entwicklung, denn das Risiko einer künstlichen Aufzucht ist ja doch noch sehr groß.

Da die Zucht von Kegelrobben in Zoologischen Gärten eine sehr große Rarität darstellt, wurden trotz ungünstiger Witterungsverhältnisse alle Lebensäußerungen des Stammalters eifrig protokolliert. Um eine genaue Kontrolle über die Gewichtszunahme zu haben, wurde der Welpe jeden Tag zur gleichen Zeit gewogen. Sein Gewicht von 11,7 Kilo am 3. Tag hatte er am 16. Tag fast verdoppelt. Dies hat seine Erklärung darin, daß die Robbenmilch einen Fettgehalt von ca. 50 % hat.

Vom 17. Tag an ebbten die Kontakte zwischen Mutter und Sohn merklich ab. Auch das Gewicht ging zurück. Genau wie in der freien Wildbahn setzte jetzt für die Robbe eine Fastenperiode ein. In dieser Zeit wird auch partieweise das elfenbeinfarbige Embryonalfell abgeworfen, zuerst um die

Schnauze herum, dann an Kopf, Rücken und Flanken. Am Bauch hält es sich am längsten. An Stelle des Embryonalpelzes entwickelt sich nun das kurzhaarige Jugendkleid. Diese Behaarung befähigt dann auch das Jungtier, das Wasser aufzusuchen und sich selbst um seine Ernährung zu bemühen.«

Das seidenweiche langhaarige, weiße Babyfell der Kegelrobben und später auch ihr Jugendfell war noch bis vor kurzem eine begehrte Beute europäischer Robbenschläger. Die Bestände dieser Robbe nahmen infolgedessen so bedrohlich ab, daß man nach dem zweiten Weltkrieg ihr Aussterben befürchten mußte. Da auch das Fellaufkommen logischerweise rapide zurückgegangen und die Jagd auf diese Robbe geschäftlich uninteressant geworden war, stellte man die Kegelrobbe im europäischen Bereich in den endvierziger Jahren unter Schutz. Langsam begannen sich die Bestände zu erholen. 1954 zählte man an die 33 000 Exemplare einschließlich der 5000 in der Ostsee.

Gemetzel für den Pelzhandel

Kaum aber hat der Grauseal, wie die Kegelrobbe international genannt wird, wieder Kopfstärken erreicht, die das Überleben seiner Art garantieren könnten, wie im Norden der britischen Inseln mit ungefähr 20 000 Exemplaren, beginnt die Pelzindustrie sich zu rühren. Sie betrachtet mit wachen Augen diese Zahlenbewegungen nach oben, schickt auf ihre Kosten namhafte Experten auf Recherchenreisen und offeriert wissenschaftlich fundierte Berichte mit dem einzigen Sinn, Schutzbestimmungen zu lockern und so wieder an die Fellernte zu kommen.

Veröffentlichte doch 1971 The International Fur Trade Federation, die Vereinigung des internationalen Pelzhandels in London:

»Auf der nördlichen Rona-Insel, unweit der schottischen Küste, lebt die größte Grausealherde der Welt (ca. 9500 Stück — d. Verf.). Eine Untersuchung der Nature Conservancy hat nun ergeben, daß von 2000 Jungtieren, die dort in jeder Saison neu heranwachsen, 300 bis 400 nie das Meer erreichen. Wegen der Übervölkerung der Insel kommen sie durch Krankheit, Hunger oder Bißwunden um. Wäre es da nicht richtiger, planmäßig eine gewisse Zahl der Tiere schnell und human zu töten, um den verbleibenden Jungen eine bessere Überlebenschance zu geben? Es stimmt eben nicht, daß die Robben glücklich weiterleben, wenn man sie einfach sich selbst überläßt. Im Gegenteil! Ohne die regulierenden Eingriffe des Menschen stellt die Natur ihr Gleichgewicht unter viel schmerzhafteren Umständen her.«

So gern man möchte, noch kann man an diese Tiere nicht heran. In Europas Gewässern ist die Kegelrobbe, der Grauseal, geschützt. Der kleineren Verwandten der Kegelrobbe, der Sattelrobbe im Norden unserer Erde, geht es leider nicht so gut. Sie ist praktisch vogelfrei, und Jahr für Jahr werden ihre Wurfplätze von Kanada, Grönland und den Randgebieten zum Tatort blutiger Massaker. Das weiße Fell der Sattelrobben-Säuglinge ist zwar genauso wie das der Kegelrobben-Kinder von der Natur zum »Wegwerfen« bestimmt. Leider aber warf der Mensch sein gieriges Auge auf den seidenweichen Pelz, und zwei Wochen bevor das Robbenkind sich ganz natürlich von seinem Babymantel trennen kann, fällt es allen Protesten zum Trotz den Robbenschlägern zum Opfer. Zu Tausenden brechen die wehr- und ahnungslos auf dem Eis liegenden Jungtiere unter den tötenden Hieben im Akkord wild umsichschlagender Menschen zusammen. Von ihren warmen, noch zuckenden Leibern, von denen viele noch nicht einmal ganz getötet sind, schneiden blutige Hände das sich rot färbende Fell. Man »schlägt sie aus der Decke«, damit sich der Mensch mit »White coat« schmücken kann, kein Pelz mehr zum Wegwerfen, sondern hoch im Kurs und teuer bezahlt. Von je hundert Sattelrobbenbabys überleben gerade dreißig das jährliche Gemetzel am kanadischen St. Lorenz Golf.

Mit brutalster Gewalt wird der Nachschub für die Großlager des Pelzhandels, für die noblen Auslagen der Modegeschäfte auf den Eisfeldern Nordeuropas bereitgestellt.

Die Dokumentation der internationalen Pelzhändler von 1971 übergeht großzügig die unpopuläre und immer wieder angeprangerte Technik der »Fellernte«. Sie spricht nur ganz sachlich und beinahe vornehm von »Jagdquoten«, die nach der Höhe der Bestände jährlich neu festgesetzt werden, deren Einhaltung man regierungsseitig streng kontrolliert. Somit wäre also eine Dezimierung der Robben völlig ausgeschlossen. Der feine Pelzhandel möchte sich seine Hände nicht an blutigen Robbenschlägern schmutzig machen, und manchmal möchte man wirklich glauben, er will es gar nicht wahr haben, daß diese Menschen ja von ihm gedungen sind und in seinem Auftrag die weißen Babys niederknüppeln. Man nimmt, da die Proteste gegen die Robbenschlägerei nicht mehr zu überhören sind, sogar auch etwas zögernd Abstand von den kanadischen Grausamkeiten und meint mit einem Male bagatellisierend: »White coat aus Kanada? Das ist ja für den Pelzhandel gar nicht interessant! White coat aus Kanada ist nur für Leder gut.«

So schreibt ›The International Fur Trade Federation‹ weiter:

»Doch auch wirtschaftliche Erwägungen darf man nicht ganz übergehen. Blieben etwa die Seerobben- und Sealherden ungestört sich selbst überlassen, könnten die Fischerei und die von ihr abhängigen Menschen innerhalb kurzer Zeit kaum mehr mit ausreichenden Erträgen rechnen. Die für die Pelzbekleidungsstücke verwendeten Sealfelle stammen hauptsächlich aus Grönland und dem arktischen Teil Kanadas. Dort aber sichert die Robbenjagd seit Jahrtausenden die Existenz der Eskimos, indem sie ihnen wirtschaftlichen Rückhalt gibt. Auf der anderen Seite hat der Pelzhandel an den Tieren, die alljährlich im Golf von St. Lorenz unter dem Wehklagen einiger Zeitgenossen erlegt werden, kaum Interesse. Jene Jagd dient vielmehr der Gewinnung von Leder. Außerdem sei betont, daß der Robbenfang in kanadischen Gewässern von der Regierung des Landes beaufsichtigt wird. Sie setzt auf Anraten wissenschaftlicher Experten in jedem Jahr neue Jagdquoten fest, um sicherzustellen, daß die Herden in ihrem Gesamtbestand nicht gefährlich dezimiert werden.«

Doch eine neue Jagdquote wird nach dem alten Rezept erfüllt! Wenn eine Robbe zu Fell werden soll, erschlägt man sie einfach mit dem Knüppel wie eh und je. Das ist die billigste Methode, und sie bringt keine häßlichen, wertmindernden Einschußlöcher in den kostbaren Pelz.

Solange Robbenschläger am Werk sind, werden Tierschützer ihre Stimme erheben. Es geht ihnen aber nicht darum, notwendige Tierbestandsregulierungen weltfremd unterbinden zu wollen, sie kämpfen dafür, Tieren, denen der Mensch aus welchen Gründen auch immer das Leben nimmt, Qualen zu ersparen.

Man kann sich durchaus als The International Fur Trade Federation mit der International Union for Conservation of Nature and Natural Resources (IUCN) und dem World Wildlife Fund (WWF), den weltweiten Organisationen für die Erhaltung der Natur, zusammentun, eine kluge Dokumentation über die so notwendige Erhaltung der Pelztiere entwerfen und Prinz Philip, den Herzog von Edinburgh, dazu schreiben lassen: »Umwelterhaltung ist ein ungeheuer kompliziertes Problem. Jeder, der zu dem scheinbar auf der Hand liegenden Schluß kommt, es handle sich einfach um absoluten Tier- und Naturschutz, macht sich einer großen Simplifizierung schuldig. Er stellt damit seine Gefühle über die Vernunft.«

Aber der Robbenschläger schlägt brutal weiter zu. Und wer schon sollte jeden seiner Hiebe begutachten und kontrollieren?

Man kann sich auch als Pelzhändler selbst an die Brust klopfen mit der allen verständlichen Aussage: »Der Pelzhandel ist seit langem an der Frage der Erhaltung pelztragender Tiere interessiert. Seine wirtschaftlichen Interessen läuft es eindeutig zuwider, wenn irgendwelche Wildtierarten aussterben.« Dieser Satz ist der Vater eines nächsten: »Existiert kein Pelztier mehr, ist es auch mit dem Pelzhandel zu Ende.«

Das ist genauso folgerichtig, wie ich es vor einigen Jahren in Monte Carlo erlebte: »Winchester Rifles«, die weltumspannende Waffenfirma, hatte zu einer Welttierschutztagung nach Monaco eingeladen und keine Mittel gescheut, Wissenschaftler, Tierschützer, Forscher, Wildwarte und natürlich auch Jäger aus der ganzen Welt heranfliegen zu lassen. Man diskutierte über den wirksamen Schutz aussterbender Tierarten, besonders aber ging es um die gefleckten Katzen und den Tiger. Andere für Großwildjäger nicht so interessante Arten marschierten der Form halber am Rande mit.

Man verfaßte Resolutionen, forderte Regierungsunterschriften und die beim Meeting anwesenden Gattinnen reicher Jäger auf, das nächste Mal doch nicht in ihren Leoparden-, Jaguar-, Geparden-, Ozelot- oder gar Tigermänteln und Jäckchen zu erscheinen. Alles hatte sein gutes Tierschutz-Image in Monte Carlo, und die Damen zeigten sich bis zum Schluß der Tagung nur noch in Wolle und Seide. Natürlich ist »Winchester Rifles« an guten Beständen der zu schützenden Tiere höchst interessiert. »Ein Aussterben dieser Arten muß mit allen Mitteln verhindert werden!« hörte man auf der Bühne. Aus den Kulissen aber kam das Echo: »Stirbt die Jagd auf diese Tiere, verkaufen wir keine Büchse mehr und keine einzige Patrone an Großwildjäger.«

Logisch wie beim Pelzhandel, zu dessen Dokumentation der Generaldirektor der IUCN, Gerardo Budowski, sagt: »Dieses Übereinkommen mit der IFTF (International Fur Trade Federation), deren Mitglieder Pelzhandelsverbände der ganzen Welt sind, stellt einen bedeutenden Schritt auf dem Wege zu einer vernünftigen Bewirtschaftung der lebenden Tierschätze dar. Das Vorgehen der IFTF ist ein entscheidender und bleibender Beitrag zur Erhaltung jener Lebensformen, die von der Ausrottung bedroht sind.«

Das liest sich gut, das hört sich verheißungsvoll an. Nur: Ungehindert hauen die Robbenschläger Jahr für Jahr auf die Nacken und Schädel der weißen Kinder der Golf- und Grönlandherden ein. Und trotz aller Lippenbekenntnisse der Regierungen wird auf dem Eis qualvoll weitergestorben.

Über die Art des Tötens sprach keine Zeile der Pelzhandelsdokumentation von 1971. Das blieb den Tierschützern vorbehalten.

Am 6. Juli 1969 hatte man sich in Straßburg zusammengefunden und war übereingekommen, ein »Europäisches Komitee zum Schutz der Robben und anderer Pelztiere« ins Leben zu rufen, um wirksam gegen das barbarische Töten der Robbenkinder angehen zu können. Als erstes startete man eine Aufklärungsaktion in Belgien, Deutschland, Frankreich, Luxemburg, den Niederlanden, in Schweden und in der Schweiz. Hunderttausende von Prospekten, Robbenpostkarten, Plakaten, Aufklebern und anderem Propagandamaterial konfrontierten die Öffentlichkeit in diesen Ländern mit den Grausamkeiten der Robbentötungen, man forderte die Menschen auf, vom Kauf von Seehundmänteln und anderen Bekleidungsstücken aus dem Fell dieser Tiere Abstand zu nehmen.

Die Hauptverantwortlichen für die grausamen »Robben-Ernten« wurden schonungslos genannt: die Kanadier und die Norweger. Die Regierungen beider Nationen haben in früheren Jahren jegliche Grausamkeit schlicht geleugnet. Auf Grund vorgelegten Beweismaterials und weltweiter Proteste erklärten die kanadische wie auch die norwegische Regierung, sie würden nunmehr die Kontrollen verschärfen und die Tötungen humaner gestalten. Die Tierschützer sagen: »Das war praktisch nur der Versuch, der Öffentlichkeit Sand in die Augen zu streuen, denn geändert hat sich nichts.« Jahr für Jahr werden nach wie vor Hunderttausende von Robben, Babies (White-coats) und erwachsene Tiere vor der kanadischen Küste und im »Frontgebiet«, das heißt in den internationalen Gewässern östlich Neufundland und Labrador, erknüppelt, harpuniert, geschossen.

Vom 27. Mai bis 3. Juni 1971 tagte in Halifax (Kanada) die ICNAF (International Commission for Northwest Atlantic Fisheries). Der Präsident des »Europäischen Komitees zum Schutze der Robben und anderer Pelztiere« schrieb an die Konferenzteilnehmer:

»Auf Ihrer Konferenz vom 27. Mai bis 3. Juni 1971 beraten Sie auch über das Ergebnis der Untersuchungen des ›Committees on Seals and Sealing‹.

Unser Komitee möchte die Gelegenheit benutzen, nochmals seinen Standpunkt zu dem Problem ›Robben-Ernte‹ darzulegen.

1. Die Tötung bzw. Abschlachtung der Robben (der Ausdruck ›Jagd‹ kann hierfür nicht angewendet werden) ist außerordentlich brutal und grausam, gleich, ob es sich um das Erschlagen (Niederknüppeln), das Harpunieren, das Schießen oder das Ertränken in Unterwassernetzen handelt.

2. Eine humane Tötungsart gibt es für die Robben offensichtlich nicht; des weiteren auch keine Nachsuche auf verletzte und ins Wasser geflüchtete Tiere. Sie müssen elendiglich und mehr oder weniger langsam zu Tode kommen.

3. Die grausame Abschlachtung der Robben gilt keinem vernünftigen Zweck. Das Fleisch der Tiere wird für die menschliche Ernährung nicht verwendet. Die Kadaver der entpelzten Robben bleiben auf dem Eis zurück, verwesen dort allmählich und vergiften vermutlich die Gewässer. Lediglich die Felle werden gewonnen, um einerseits einer Modelaune Rechnung zu tragen und andererseits ein Geschäft zu machen. Allein deshalb besteht schon überhaupt keine akzeptable Relation zwischen dem Nutzen für den Menschen und den großen Leiden der Tiere während ihrer Abschlachtung.

4. Die große Zahl von vielen hunderttausend Robben-, Jung- und Alttieren, die Jahr für Jahr dem kommerziellen Interesse bestimmter Handelskreise sowie der kanadischen und der norwegischen Regierung geopfert werden, reduziert die Herden derart, daß eine erhebliche Gefahr für ihren Weiterbestand gegeben sein dürfte. Auch die neuerdings festgesetzte Tötungsquote von 245 000 Robben jährlich wäre noch entschieden zu hoch, um den Bestand in den nächsten Jahren sichern zu können. — Wir verweisen im übrigen noch auf das beigefügte Memo der ›World Federation for the Protection of Animals‹ (Welttierschutzbund).

5. Zum Schluß wäre zu bemerken, daß jede Regierung, die die Verantwortung für ein Volk trägt, für das Begriffe wie Ethik, Moral und christliche Gesinnung eine Basis der Kulturstufe sind, eben diesen Prinzipien Rechnung tragen muß, will sie nicht Gefahr laufen, daß die Weltöffentlichkeit daran zu zweifeln beginnt Aus diesem Grund bitten wir Sie, Ihren ganzen Einfluß geltend zu machen, daß die Regierungen von Kanada und Norwegen ein Beispiel guten Willens geben und das Abschlachten der Robben völlig einstellen.«

Lange blieb der Appell des Komitees unbeantwortet. Dann kamen Antworten, von der kanadischen Regierung, von der

ICNAF. Ihr Inhalt: Man bagatellisierte die Grausamkeiten, man sagte sorgsamste Kontrollen zu, verwies auf wissenschaftliche Expertisen und beteuerte, daß alles getan werde, um den Bestand der Sattelrobben nicht zu dezimieren... Und in der Praxis blieb alles wie es war.

Im Auftrag des Robbenschutzkomitees drehte Smith Svensen einen aufrüttelnden Farbfilm von der blutigen Arbeit und den Grausamkeiten norwegischer Robbenschläger, und ein New Yorker Tierschutzverein flog kurz vor Beginn der kanadischen Robbenschlägerei eine Gruppe von Kindern aufs Packeis im St. Lorenz Golf und ließ sie demonstrativ zwischen und mit den harmlosen weißen Sattelrobbenkindern spielen...

Aber sie knüppeln immer weiter, damit Damen »White coat« tragen können.

Man schlägt Robben jedoch nicht nur im Nordatlantik. Aus Johannesburg kommt folgende AP-Meldung vom Mai 1973:

»Ausgerüstet mit Knüppel und Stilett sind an den Küsten Südafrikas und Südwestafrikas zur Zeit wieder die Robbenjäger unterwegs, denen bis Ende September mindestens 80 000 Jungtiere der begehrten Pelzrobbe zum Opfer fallen werden. Die jährliche Robbenjagd wird dem südafrikanischen Staat voraussichtlich wieder umgerechnet rund 5 Millionen Mark an Devisen einbringen und, wenn man den Worten von Experten glauben darf, eine Bevölkerungsexplosion unter den Robbenherden verhüten helfen, die gegenwärtig auf 1 Million Tiere geschätzt werden.«

Zunehmende Kritik von Tierschutzverbänden und von anderer Seite an der jährlichen Robbenschlächterei beantworten die für die Jagd verantwortlichen Stellen mit dem Hinweis, daß die regelmäßige Tötung eines Teiles der Tiere notwendig und auch nicht grausam sei.

Die Robbenjagd findet während der Monate Juli bis September statt, wenn die Jungtiere sieben oder acht Monate alt und ihre Pelze in dem vom Kürschner gewünschten erstklassigen Zustand sind. Die Tiere werden von privaten Jägern unter der Aufsicht von Regierungsbeamten getötet. Die Jäger landen auf den Inseln, auf denen die Pelzrobbe das ganze Jahr über ihre Liegestätte hat, nähern sich den kaum an das Wasser gewöhnten Jungtieren und versuchen, diese mit einem einzigen Knüppelschlag auf die Stirn zu töten. Um, wie es heißt, den Tieren unnötiges Leiden zu ersparen, jagen die Jäger ihrer Beute zusätzlich noch ein Stilett ins Herz. Das hat aber auch den Vorteil, daß im Interesse der besseren Pelzqualität die Körpertemperatur des erlegten Tieres schneller absinkt.

Ein erfahrenes Jägerteam kann am Tag zwischen 200 und 300 Robben erschlagen und anschließend enthäuten.

Seehundsdank!

Bis 1935 konnte jedermann in Deutschland mit dem Seehund machen, was er wollte: ihn mit der Keule erschlagen, ihn erschießen mit Schrot oder Kugel, ihn harpunieren oder zu Dutzenden in Netze jagen. Der Seehund vor Deutschlands Küsten war Freiwild. Seiner totalen Vernichtung stand bis zu diesem Jahre nichts im Wege. Da kam zur Rettung seiner Art das Reichsjagdgesetz. Der Seehund wurde zum »jagdbaren« Wild erklärt, erhielt Jagd- und Schonzeiten. Es wurden Abschußquoten — meist ein Viertel bis ein Fünftel des oberflächlich gezählten Bestandes — festgesetzt, Jagdscheine ausgegeben und gewisse Modalitäten für die Jagdart im Watt eingeführt. Unter der Obhut der Jäger, das muß ein jeder anerkennen, erholte sich der Bestand langsam, man hielt ihn in Absprache mit den Küstenfischern, die immer noch im Seehund ihren ärgsten Feind sehen, auf 2500 bis 3000 Exemplare in der Deutschen Bucht. So lief das über 30 Jahre lang gar nicht so schlecht. Dann aber sank die Kopfzahl der deutschen Robben plötzlich beängstigend: 1968 = 1541, 1969 = 1347, 1970 = 1299 allein vor der niedersächsischen Küste. Das war alarmierend, aber nicht allein die Schuld der Jäger. Immer mehr Menschen an den Stränden und in den Prielen, die private Motorisierung auf dem Wasser und die Verschmutzung von Küste und Meer engten den Lebensraum der Robben ein und drückten auf den Bestand der Hunde.

Diesen Zustand mußte eigentlich jeder bemerken. Aber die Jäger setzten Jahr für Jahr weiter ihre Abschußzahlen fest und trieben negative Auslese, indem sie nur auf junge und kräftige Tiere schossen. Die Alten und Kranken ließen sie ungeschoren. Sie hatten ja schlechte Felle, keine anständige Trophäe! Das zum Abschuß freigegebene Fünftel gehörte also immer zur jungen, gesunden Kerntruppe der Seehunde.

Die seherischen Appelle eines Kurt Ehlers, eines Konrad Lüders und vieler anderer wahrer Seehundsfreunde prallten fruchtlos am Widerstand der Jägerschaft ab. In diesem Kreise sah man immer noch im Schuß ein hohes Ziel: »Wir sind heute die Schwertale für die Seehunde, die sie einst kleinhielten — und auch sie, die es heute bei uns nicht mehr gibt, jagten nur das Beste!« Noch 1970, als Kreisjägermeister Schelten-Peterssen nur ganze 145 Seehunde vor Ostfriesland zum Abschuß anbieten konnte — 1968 waren es hier 340 —, traten sich vor seinem Büro Jäger aus ganz Deutschland gegenseitig auf die Füße, um nur ja zu einem Jagdschein und an das begehrte Silberfell zu kommen. 450 Schützen — die überwiegende Mehrzahl aus dem Binnenland — bewarben sich um den Schuß auf einen der 145 Hunde!

Äußern sich passionierte Jäger aus dem Küstenstrich zum Seehund, gewinnt man oft den Eindruck, daß selbst bei honorigen Männern irgendwo eine Bewußtseinspaltung eintritt. So schrieb vor wenigen Jahren ein Jäger, ehrlich davon überzeugt, den Seehund, dieses herrliche Hochwild der Küste, zu lieben: Das Kindhafte der Jungtiere sei in den ersten Wochen ihres Daseins so stark, daß vom rein Menschlichen her keine Freude an der Jagd auf sie aufkommen könne. In demselben Atemzug teilt er dem erstaunten Leser mit, daß der Seehundswelpe das beste und erstrebenswerteste Beutetier sei, rühmt den hervorragenden Geschmack seines Fleisches, das im Gegensatz zu alten Seehunden, die zudem noch schlechte Felle haben, nicht nach Tran schmecke, weil sich das Jungtier in den ersten Lebenswochen vor der Jagdzeit fast ausschließlich von Muttermilch ernährt habe. Er vergleicht das Seehundsbaby mit einem Saugkalb, ordnet den Geschmack seines Fleisches zwischen Rehkeule und Wildschweinsrücken ein und preist die Seehundsleber als eine wunderbare Delikatesse, die an Zartheit jeder Kalbsleber überlegen sei. Liest man dann noch seinen Ratschlag, dieses ›Wildbret‹ in Zukunft mehr zu verwerten, kann man sich nur noch an den Kopf fassen. Nicht genug damit, daß die sichtbare Trophäe, das Fellchen des Säuglings mit seinem ganz eigenen Silberschimmer, über den grünen Klee gelobt wird.

Wann endet wohl für einen solchen Menschen das eben von ihm selbst zitierte »Kindhafte« des Jungtieres, um vom »rein Menschlichen« her endlich die Freude am Schuß auf dasselbe Geschöpf aufkommen zu lassen? Nach allem, was dieser Jäger da gerade sagte, muß es ja unabdingbar noch ein Welpe sein, der da auf die »Decke gelegt« werden soll. Immer noch ein Kind also!

Die Augen des wahren Tierfreundes aber gehen noch mehr über, vernimmt er, wie der gleiche Jäger ohne zwingenden Grund zum Totschläger wird. Ich zitiere wörtlich aus dem Buch »Der Seehund«, das der Arzt und Jäger Walther Harcken aus Dorum 1961 veröffentlichte:

»Als Jungen waren wir einmal mit unserem kleinen Boot ziemlich nahe an ein Seehundrudel herangekommen. Ohne daß es bisher etwas gemerkt hatte, näherten wir uns weiter zu Fuß, ganz im Wasser an der Kante entlang, nur den Kopf herausstreckend. Wir waren erstaunt, wie glatt wir bis unmittelbar vor die ruhenden Hunde kamen. Sie waren völlig ahnungslos, und die meisten schliefen. Etwa 40 Hunde lagen da. Es war ungeheuer aufregend. Erwin hatte den Totschläger mitgenommen, das war ein damals ›übliches‹ Gerät extra zum Robbenschlagen, ein kräftiger Knüppel von etwa 120 cm Länge mit einem Eisenring am Ende, vor dem ein langer, gebogener Eisennagel von 12 cm Länge saß. Eine furchtbare Waffe in der richtigen Hand. Ich hatte nur die Ruderpinne, ein ganz leichtes Stückchen Holz, mit dem ich nicht viel ausrichten konnte. Wir hatten Zeit genug, einen richtigen Plan zu machen.

›Minsch, Minsch, woveel wöt wi dothauen?‹

›Alles, wat n goodet Fell hett!‹

Wir dachten, die Hunde würden, wenn wir auftauchten, entsetzt vor uns weiter auf den Sand hinauf flüchten. Aber das war eine Fehlrechnung: Steil kamen sie auf uns heruntergewalkt, als ob wir gar nicht vorhanden wären. Da wir nakkend waren, muß es ein tolles Bild gewesen sein, wie wir mit unseren ›Waffen‹ drauflos schlugen, allerdings fast ohne Resultat. Nur einen jungen Hund hatte Erwin mit dem dicken Knüppel erschlagen, dann war der ganze Spuk sehr schnell zu Ende. Aber sehr aufregend war es gewesen, wir wußten uns vor Freude, Erstaunen und Schimpfen auf unsere ›Dummheit‹ kaum zu fassen.

Daran habe ich oft denken müssen bei all den vielen Jagden, die ich später mitgemacht habe, den Gästen aus dem Binnenland zuliebe. Ich habe es gern getan, denn die Verständigung z. B. zwischen einem Württemberger und einem Schiffer ist gar nicht so leicht! Es war fast immer dasselbe: Hinlegen auf den Sand, ein Hund erschien. Bumm! — Aus! Die Freude der Erleger war dann für mich das eigentliche Ergebnis.«

Daß dieser Mann meinen Berichten über die Rettung von Heulern keinen Dank zollte, sei nur am Rande vermerkt. Er prangerte (Das Tier 5/68) meine Veröffentlichungen an als »Feldzug für eine schlechte Sache« und »Darstellung von Tatsachen, die künstlich zu einem raffinierten Täuschungsmanöver aufgebaut und fotografiert sind«. Und er schließt: »Ich stelle also fest, daß die jahrelange Propaganda für das Aufsammeln junger Seehunde auch heute noch nachhaltig fortgeführt wird! Solche Themen lassen sich ja auch besonders gut verkaufen.« Abgesehen davon, daß ich in meinen Artikeln niemals zum »Aufsammeln« junger Seehunde aufforderte, kann ich nur den Bekenntnissen des Dr. Harcken entgegenhalten: Lieber zwanzig Seehundbabys zuviel »aufgesammelt«, zu »falschen« Heulern gemacht und künstlich aufgezogen, als ein einziges dieser herrlichen Jungtiere nur aus Lust am Töten und ohne jeden zwingenden Grund mit dem Nagelknüppel totschlagen!

Dr. Harcken schließt seine Erinnerungen an die Keulenjagd: »Das richtige Schlagen, d. h. der Schlag auf die Nase, ist zweifellos immer sofort tötlich und daher kaum anfechtbar ... Es lag mir nur daran, denen, die ebenso sind, wie ich

früher war, die Möglichkeit zu diesem schönen, aufregenden und sicher unvergeßlichen Erleben aufzuzeigen.«
Die Jagd ist aus! Wir schreiben das Jahr 1973. Wohlstandsjägern und Renommierschützen ist die ganze niedersächsische Küste keinen Schuß Pulver mehr wert. Sie versuchten es auf der anderen Elbeseite, denn in Schleswig-Holstein wurde trotz internationaler Proteste ab 1. August 1973 weiter auf Seehunde geschossen. Zwischen Ems und Weser ist die Jagd auf die deutsche Robbe abgeblasen. Hier wird kein Junghund mehr »aus der Decke« geschlagen, damit sein Silberfell zum Wandschmuck wird. Professor Helmut Kraft und seinen Mitarbeitern gelang es in unermüdlichem Einsatz bei Wind und Wetter, die Grundlagen für den Schutz des europäischen Seehundes vor Deutschlands Küsten zu schaffen. Und die 185 000 DM, mit denen Professor Kraft das Unternehmen »Seehund« finanziert, stammen aus der Million, die die niedersächsischen Jäger durch die Ausgabe der Jagdscheine jährlich einnehmen. Ohne ihre Hilfe hätte der Professor aus München sein Forschungsvorhaben nicht starten können. Und noch eines muß mit aller Deutlichkeit gesagt werden: Die Initialzündung zum Unternehmen »Seehund« kam aus dem Ministerium für Ernährung, Landwirtschaft und Forsten in Hannover. Es hatte die Zeichen der Zeit vor seiner Küste erkannt.

Einmal im Monat, zwölfmal im Jahr werden die Seehunde zwischen der holländischen Grenze und der Elbe aus der Luft gezählt. Meist sitzt Professor Kraft selbst neben dem Piloten und registriert zur Ebbezeit auf seinen Seekarten, was sich da unten auf den Sänden tut. Er hat das Untersuchungsgebiet in zwei Regionen aufgeteilt: In das Gebiet »West«, es reicht von der Ems bis an die Ostspitze der Insel Wangerooge, und in »Ost«, das den Raum vom Westufer der Jade bis zur Robben-Plate vor Scharhörn am Elbefahrwasser umfaßt. Das Ergebnis seines Zählfluges am 11. und 12. Juli 1973 gab das endgültige Signal zum Abblasen der Jagd vor der niedersächsischen Küste: In »West« stellte er 308, in »Ost« 483 Seehunde einschließlich der Jungtiere fest. Es war der niedrigste Bestand, den er seit 1971, dem Beginn des Unternehmens, im Monat Juli angetroffen hatte. Immer im Juli ist die Population der Seehunde vor den deutschen Küsten am stärksten, da um diese Zeit die Jungtiere gesetzt sind. Professor Kraft sagt über diese Flüge: »Selbst wenn man die schlechten Zählbedingungen an diesen Tagen in Rechnung stellt und die erkundeten Zahlen wohlwollend nach oben aufrundet, kommt man höchstens auf ein paar Dutzend über 1000 Hunde vor Niedersachsens Küste. Das bedeutet eine Verminderung um 200 Seehunde gegenüber dem Vorjahr. Es wird in diesem Sommer keine Jagdscheine für Seehunde geben!«

Zweimal nur hallen im ganzen Sommer 1973 Schüsse über das niedersächsische Watt, die Seehunden gelten: Auf Anordnung von Helmut Kraft werden zwei schwerkrank beobachtete Hunde durch Berufsjäger von ihren Leiden erlöst. Sie werden der pathologischen Untersuchung zugeführt. Öl, Fadenwürmer und Quecksilber haben ihnen den Garaus gemacht. Im August 1973 zählt der Forscher nur noch 250 Tiere in »West« und 311 in »Ost«. Die herbstliche Abwanderung der Seehunde hat bereits begonnen.

»Wohin?« frage ich ihn, als er von diesem Flug zurück nach München kommt. »Da tappen wir im Augenblick noch vollkommen im Dunkel. Wir wissen nicht, wo unsere Seehunde im Winter bleiben. Vor unseren Küsten sind bis Mai die großen Rudel verschwunden; hier und dort werden im Winter an unseren Stränden nur Einzelexemplare oder wenige ältere Hunde zusammen beobachtet. Da soll uns die Markierung weiterhelfen. Die ersten Plastikmarken kamen 1971 in die Schwanzflossen. Jetzt zeichnen wir die Hunde zusätzlich mit unterschiedlichen Farbsymbolen.«

Wie einst die Seehundsjäger landen Krafts freiwillige Helfer auf den Seehundsbänken, robben mit täuschenden Bewegungen an die ruhenden Tiere heran, um sich dann in kurzem Sprung auf die Jungen zu stürzen und sie festzuhalten. Das ist nicht schwer, man kommt ja immer bis auf Armlänge an die vertrauensvollen Welpen heran. Ein zweiter Mann bringt dann Farbe, Pinsel, Zange und Plastikmarken. In wenigen Minuten ist die ganze Markierung vorbei. In grellgelber Farbe hat man den Kopf oder Rücken des Jungtieres gezeichnet. Man bringt die Symbole auf von oben auffallenden Körperpartien an, damit die Kennzeichnung auch vom Flugzeug aus gut und einwandfrei erkannt wird. Leider nur ein paar Wochen lang, dann hat das Salzwasser die Farben ausgewaschen. Man braucht Langzeit-Markierungen. Mit der Pinselei kommt man nicht weiter. Ab 1974 werden die Seehunde mit »Gefrierbrand« gezeichnet, in einem Verfahren, das für die Tiere völlig schmerzlos ist, keine Wunden hinterläßt und die benötigte Dauerwirkung zeitigt. »Brenneisen«, gespeist mit flüssigem Stickstoff, werden aufs Fell gesetzt, und die von ihnen berührten Haare sterben ab, eine weithin erkennbare Markierung tritt ein. Nach dem Haarwechsel aber sprießen an diesen Stellen pigmentlose weiße Härchen. An sich ist diese Methode ideal, sie hat nur einen Haken — und seinetwegen probierte man es erst einmal mit Farbe —: Die Tiere dürfen 7 bis 8 Stunden mit keinem Tropfen Wasser in Berührung kommen. Auf der Sandbank daher kann man die Prozedur nicht zuende führen, die sechs Stunden der Ebbe reichen nicht aus. Die Tiere müssen an Bord genommen werden. Noch markiert man nur die Welpen, sie sind am leichtesten in die Hand zu bekommen. An die starken und gewitzten Alten kommen Krafts Männer noch nicht heran. Soll das auch erreicht werden, muß sich der Professor noch was ganz Besonderes einfallen lassen. Und daran arbeitet er jetzt gerade: Er sucht Kombination und Dosierung für ein Mittel, das einerseits den Seehund sofort nach dem Schuß aus dem Narkosegewehr am Platz hält, andererseits aber auch eine für die Robbe schadlose Langwirkung hat. Die heute bei Säugetieren gebräuchlichen Narkosedrogen wirken erst nach einigen Minuten. Zeit genug für einen getroffenen Seehund, zu flüchten und das Wasser zu erreichen. Setzt aber hier erst die Wirkung ein, muß das bewußtlose Tier ertrinken. Die Medikamente mit Sofortwirkung jedoch benötigen unmittelbar nach dem Schuß die Behandlung des Tieres mit künstlicher Beatmung. Man müßte also umfangreiches Beatmungsgerät mit auf die Sandbank bringen. Ein höchst umständliches und zeitraubendes Verfahren.

Findet Professor Kraft die ideale Kombination beider Wirkungsweisen, werden 1974 die ersten erwachsenen Seehunde markiert.

Jedes Seehundsareal hat sein spezielles Markierungsmuster. Der Knechtsandseehund trägt eine »8« auf seinem Rücken und der von Mellum beispielsweise einen Punkt auf dem Kopf. Die in Norddeich ausgesetzten »Heuler« erhalten römische Zahlen.

Über zwei Dutzend Mitarbeiter sind von Emden bis Dorum für das Unternehmen »Seehund« tätig. Es sind alles Männer, die sich mit Seehunden bestens auskennen: Fischer, Tierärzte, Wattführer, Kreisjägermeister, Land- und Wasserschutzpolizisten und nicht zuletzt die Seehundsjagdführer. Sie bergen »Heuler«, markieren Junghunde auf den Sänden und beobachten das Verhalten der Rudelverbände. Bisher erhielten seit 1971 ungefähr 200 Seehunde ihr gelbes Zeichen. Rückmeldungen kamen aus allen Richtungen, aus England, Holland, Helgoland, Schleswig-Holstein und Dänemark. Leider aber nur von toten Tieren. Wenige wurden verendet angespült, die meisten waren erlegt worden. Es waren alles Junghunde in ihrem ersten Lebensjahr. Wenn man den wenigen Rückmeldungen, die natürlich keine statistische Sicherung bedeuten, Gewicht beimessen wollte, gelangt man leicht zu der Meinung, daß sich die Junghunde im Herbst, noch in ihrem Geburtsjahr, in alle Windrichtungen über die Nordsee verstreuen.

Im Mai und Juni sind die großen Rudel plötzlich wieder da. Wird man im nächsten Jahr an ihrer Zahl dann schon merken, wird man es ihrem Verhalten ansehen, daß sie ein Jahr lang nicht bejagt wurden? Mit Sicherheit sind diese Fragen jetzt noch zu verneinen. *Ein* jagdloses Jahr macht noch keinen guten Seehundssommer! Noch mehr gehört dazu, das Leben unserer Seehunde so zu sichern, daß ihre Art an Deutschlands Küsten ein Refugium hat. Krafts nächster Schutzvorstoß: Er plädiert für nationalparkähnliche Seehundssperrgebiete, die Wattwanderern und Wassersportlern, sowohl den motorisierten, wie den segelnden und paddelnden verschlossen bleiben müssen. Auch müßten Bundesmarine und Bundesluftwaffe diese Einrichtungen respektieren und von ihren Übungen verschonen. Auf der schleswig-holsteinischen Seite wäre dann die Einrichtung des geplanten deutschen Nationalparks »Wattenmeer« zwischen der Südspitze der Insel Sylt und dem Nordufer der Eiderhalbinsel die erstrebenswerte Vervollkommnung des Seehundschutzes in der gesamten Deutschen Bucht.

Es ist bei allem höchste Eile nötig. Heute schon haben sich die meisten Robben auf die unzugänglicheren, weit draußen in den Flußmündungen liegenden Bänke zurückgezogen, um dort in Ruhe vor dem Menschen ihre Jungen aufziehen zu können. Professor Kraft sagte mir: »Nur wenige Hunde halten sich der Belästigung durch den Menschen wegen heute noch im Wattgebiet zwischen den Ostfriesischen Inseln und der Küste auf. Es waren im Juli 1972 nur gerade noch 120 Tiere mit 25 Welpen. Zur gleichen Zeit aber lag auf den Sandbänken in den Mündungen von Ems und Weser die Masse der anderen Seehunde.«

Die immer größer werdende Menge erholungsuchender Binnenländer in der Deutschen Bucht drückt die Seehundrudel in die Flußmündungen. Sollen die wenigen Hunde dem Wattgebiet erhalten bleiben oder ihre Zahlen sich steigern, ist es dringend notwendig, die Menschen an den Stränden aufzuklären. Was wissen sie schon vom Seehund und wie man sich seinen Jungen gegenüber richtig verhält? Kraft ist dabei, Aktionsgemeinschaften ins Leben zu rufen und Menschen zu suchen, die in den Seebädern Aufklärungsarbeit leisten. Bis 1976 läuft sein Forschungsauftrag. Wird dann auch vor Deutschlands Küsten der Seehund gerettet sein?

Freund der Riesenrobbe

Langsam, ganz langsam sinkt der Wasserspiegel im großen Robbenbecken. Es ist Freitag, der Tag der großen Säuberung. Schon gleich nach der Elf-Uhr-Fütterung wurde der Schieber geöffnet. Für Tristan und Marion, das See-Elefantenpaar, sind die Schritte ihres Pflegers zum Abschlußschieber jedesmal das Startsignal zu den tollsten Kapriolen unter Wasser. Das fliehende Element fasziniert die Tiere, es reizt sie zu Bewegungen von solch graziler Verspieltheit, wie sie niemand diesen ungeheuren Kolossen zutraut, der ihre massiven Körper nur im Trocknen auf der Plattform ruhen sieht. Der schwerelose Tanz der Riesen endet erst, wenn das Wasser die Tonnenlast der Giganten nicht mehr trägt.

Ich sitze am Rande des Beckens mit meiner Kamera, hole mir die verspielten Riesen auf den Film und warte darauf, daß Tristan und Marion stranden. Dann will Pfleger Heinz mir etwas zeigen, was ich noch niemals zuvor sah.

Die Namen der beiden Vertreter dieser größten Robbenart auf Erden kommen nicht von ungefähr. Sie geben Auskunft über die Heimat der Tiere. Das Weibchen wurde auf dem felsigen Gestade von Marion-Island gefangen. Die Insel ist die größte des rund 2000 Kilometer südlich vom Kap der Guten Hoffnung liegenden Prince-Edward-Archipels, ein 260 qkm großes ungastliches und stets von Winden gepeitschtes Gebirgseiland, frostig und neblig mit Sommertemperaturen, die selten den Gefrierpunkt um sieben Grad übersteigen. Millionen von Seevögeln aller Art, Albatrossen und Pinguinen und Tausende von Robben sind hier zu Hause. Ihre massierte Anwesenheit reizte schon 1873 Charles Darwin zu einem ausgedehnten Forschungsbesuch. Die Inselgruppe, früher britisch, gehört seit 1947 zu Südafrika. Tristan entstammt einer großen Herde, die ihre Wurfplätze auf einer der nicht weniger unwirtlichen Inseln der Tristan-da-Cunha-Gruppe ein paar hundert Kilometer nordwestlich im Südatlantik hat.

Aber ich hocke nicht hier, weil die beiden von gar so weit herkommen und auch nicht deswegen, weil See-Elefanten nur in wenigen Zoologischen Gärten gehalten werden. Ich kam in die Stuttgarter »Wilhelma«, um mehr zu erfahren von der einmaligen Freundschaft der Riesenrobbe Tristan zu einem Menschen namens Heinz, und weil ich die Vertrautheit dieses wahrhaft ungleichen Paares mit meiner Kamera festhalten wollte. Allein die Diskrepanz der Körpergröße frappiert schon den Beschauer. Tristan mißt von der Nasenspitze bis zum Ende seiner Schwanzflossen 4,10 Meter und ist noch nicht voll ausgewachsen. Sechs Meter könnte er ohne Anstrengung erreichen, das wäre durchaus seiner Art gemäß. Mit Heinz dagegen hat es Mutter Natur in bezug auf seine Körperlänge weniger gut gemeint: Sie billigte ihm nur ganze 14 Zentimeter über anderthalb Meter zu — und es ist nicht anzunehmen, daß er noch wächst. Über zwei Tonnen bringt Tristan mit auf die Waage. Das ist fast das Dreißigfache seines menschlichen Freundes.

Sieben Jahre kennen sich jetzt beide, denn dieser Zeitraum verstrich, seitdem Tristan abgemagert und schwach aus seiner großen Transportkiste robbte, um im ersten Süßwasser seines Lebens zu schwimmen. Während der sechswöchigen Überfahrt hatte der damals Halbwüchsige auf dem Deck des Frachters die Annahme jeglicher Nahrung strikt verweigert und lieber von den eigenen gewaltigen Speckvorräten gezehrt, die er unter seiner Haut für Notfälle angelegt hatte. Nun aber schienen sie erschöpft und es wurde Zeit für ihn, wieder einmal etwas zu sich zu nehmen. Seinen letzten Tintenfisch hatte er mit Sicherheit vor Tristan-da-Cunhas Inseln verschluckt.

Als ihn Heinz zum ersten Male sah, kannte Tristan nur lebende Nahrung. Sein oder Nichtsein der großen Robbe hing davon ab, wie lange sie brauchen würde, um sich auf tote Fische, die Kost in der Gefangenschaft, umzustellen und ob ihre allerletzten Fettreserven reichen würden, diese Zeit zu überbrücken. Langes Fasten an sich ist jedoch für einen See-Elefanten noch längst kein Grund zum Sterben. Im Gegenteil: Die Fastenzeit hat einen festen Platz im normalen Lebensrhythmus dieser Riesenrobben. Sie fällt nämlich zusammen mit den Höhepunkten, ohne die es kein Weiterbestehen gibt. Es sind die Wochen, die die Tiere zur Geburt und darauf folgender Paarung an Land verbringen. Es ist die Zeit, in der ein See-Elefantenbulle nichts anderes zu tun hat, als einen Harem tragender Weibchen, meist sind es so um ein bis zwei Dutzend herum, zusammenzutreiben und sie eifersüchtig gegen Nebenbuhler zu bewachen. Bis drei Wochen nach der Geburt der Elefantenbabys üben sich die Paschas in Abstinenz. Dann aber vertreiben die Mütter ihre Kinder, und die Paarungsperiode beginnt. Würde der Bulle in dieser Zeit auch nur ein Auge von seinen Weibern lassen, sie würden sich sofort mit jüngeren Männern einlassen, die am Rande der Harems nur so darauf warten, auf Frauenraub zu gehen. Auch die Robbenweibchen haben zu fasten. Wochenbett und Kinderstube halten sie an Land, bis anschließend die neue Hochzeit gefeiert werden kann. Dann kommt die große Abkühlung. Vier Wochen geht man ins Wasser, füllt die Nahrungsreserven wieder auf, denn schon steht ein neuer Fastenmonat an Land bevor. Fell und Haut müssen erneuert werden. Da ist kein Bad gefragt, bevor der neue Frack gewachsen ist — und Nahrung gibt es nur im Meer.

Damit der Magere in der »Wilhelma« überhaupt wieder etwas zu sich nahm, wurden für die ersten Tage in dem kleinen Innenbecken lebende Fische ausgesetzt, die Tristan auch nach kurzem Zögern fing. Versuche, ihn zwischendurch zur Annahme toter Fische zu bewegen, schlugen fehl. Heinz sah sich daher gezwungen, seinen Riesen zu stopfen wie eine Weihnachtsgans, was der Bursche zum Glück auch nicht ablehnte. Überhaupt war Tristan ein außerordentlich kluges Kind seiner Art. Überaus rasch begriff er die Geschichte mit der leblosen Nahrung. Zwei psychische Momente kamen dazu, Tristan den Übergang im Futter schmackhafter zu machen: Das Angebot der kleinen Freiheit im Becken, in dem er seine auf dem Transport eingeschlafenen Flossen trainieren konnte, was ihm Appetit einbrachte, sowie das Freßbeispiel der schon eingewöhnten Marion, die hier vor zwei Jahren ihr Stammquartier aufgeschlagen hatte und nach dem Tode ihres ersten Mannes sehnlichst auf den zweiten wartete.

Zu dieser Zeit hatte Heinz gerade sein letztes Lehrjahr zu absolvieren. Ein Jahr später schon vertraute man dem 18jährigen die pflegerische Leitung über alle Robben und die Affen der »Wilhelma« an. Wie treffend und überaus glücklich diese Entscheidung der Zoodirektion war, bewiesen die folgenden Jahre.

Heute, fast zwei Jahrzehnte nach jenem Tag, an dem man das Schicksal dieser beiden Tierarten in seine Hände gelegt hatte, ist aus dem kleinen, an Tieren interessierten Jungen von damals eine weit über Deutschlands Grenzen hinaus bekannte Kapazität auf dem Gebiet der Gefangenschaftsnachzucht von Robben und Menschenaffen geworden.

Heinz Scharpf ist ein Tiernarr, seit er denken kann. Schon in seinem siebenten Lebensjahr schleppte er alles mit nach Hause, was er bei seinen Entdeckungszügen in der Umgebung von Ulm fangen konnte: Frösche, Eidechsen und Schlangen waren es in der Hauptsache. Mit neun Jahren baute sich Heinz das erste Terrarium und füllte es zum Entsetzen der Familie ausschließlich mit heimischen Schlangen. Der unstillbare Wunsch, sich Tiere zu halten, brachte ihn schon sehr frühzeitig in immer neue Konflikte mit dem Elternhaus. Alle Lehrer waren mit ihm unzufrieden, nur einer nicht: der Biologielehrer. Er hatte die Anlagen in seinem Schüler erkannt und förderte sie bewußt. Dieser Schulmann war nämlich der Meinung, daß dem Jungen nur so geholfen werden konnte, den Weg ins Leben zu finden.

Der Eifer, mit dem Heinz seinen Neigungen nachging, hatte sich indessen vervielfacht und war schließlich in dem festen Entschluß gemündet: Ich werde Tierpfleger, koste es, was es wolle! Für seine Idee konnte er den Biologielehrer gewinnen. Mit seiner Hilfe setzte der Vierzehnjährige gegen den Willen seiner Eltern Bewerbungsschreiben an verschiedene Zoologische Gärten auf. Und 1955 trat Heinz Scharpf als Lehrling in den zoologischen Betrieb der »Wilhelma« ein.

Jeder, der Heinz dort mit den Tieren umgehen sah, bemerkte auf den ersten Blick, daß da eine glückliche Hand an der Arbeit war, und er spürte das feinfühlige Verständnis, das den jungen Mann rasch mit seinen Pfleglingen in Kontakt kommen ließ. Auch die Eltern, die später oft nach Stuttgart kamen, um nach ihm zu sehen, konnten sich dieser Einsicht nicht verschließen. Zwischen den Gehegen und in den Käfigen, zu jeder Stunde umgeben mit Tieren, fühlte sich Heinz zufrieden wie noch nie in seinem Leben.

Seit einem Zwischenfall hatte Heinz ein seltsam inniges Verhältnis zu der Riesenrobbe. Die Geschichte war schon ziemlich lange her, damals, als Tristan vielleicht gerade ein Jahr in der »Wilhelma« war, passierte sie. Heinz hatte wie immer auf dem Felsen gestanden und seinen großen Robben die Fische zugeworfen. Das spritzende, elegante Jagen der Seelöwen nach der Beute begeisterte immer wieder die Zuschauer und es riß sie zu Begeisterungsstürmen hin, wenn Dick, der flinke Seelöwe, dem weniger wendigen Tristan einen Fisch vor der Nase wegschnappte. Da verfehlte Tristan einen im hohen Bogen auf ihn zufliegenden Hering. Mit Schwung warf er sich nach dem Entgangenen herum, tauchte und... kam nicht wieder hoch. Heinz stellte die Fischeimer weg, beugte sich über den Beckenrand tief zum Wasser hinab. Kopfüber hing der Große still im Becken. Draußen lachten die Leute schallend auf, sie hielten das Ganze für eine komische Dressureinlage. Aber es war bitterster Ernst. Tristan ertrinkt! so schoß es Heinz durch den Kopf. Da gab es für ihn kein langes Überlegen.

Rasch glitt er ins Wasser und tauchte zu Tristan hinab,

der — seiner Schwere enthoben — wie ein luftgefüllter Sack bewegungslos im Wasser schwebte. Der Kopf muß raus! Er tauchte auf, schob ohne Anstrengung die zwei Tonnen Lebendgewicht wie ein leeres Faß vor sich her ins Seichte. Er stemmte seine rechte Schulter unter das Kinn des Riesen. Aber seine Kräfte reichten nicht aus, er schaffte es nicht allein. Immer wieder glitt er auf dem Boden des Beckens aus, von Algen war er zu glatt. Jetzt sahen auch die Besucher: Das hier war kein Spaß. Sie alarmierten die Tierpfleger, die Verwaltung. Stangen wurden Heinz hinuntergereicht, andere Männer stiegen ins Wasser. »Unter Tristans Kopf die Hölzer!« schrie Heinz. Jeder wußte, worum es ging. Endlich waren die Nasenlöcher des Ohnmächtigen aus dem Wasser, sie öffneten sich, die runden Augen folgten. Das Tier begann zu röcheln. Schnell war der Tierarzt zur Stelle. Er gab Tristan in die Achselhöhle unter der linken Vorderflosse eine das Herz und den Kreislauf anregende Spritze. Langsam kam wieder Leben in die Masse.

Was war geschehen? Keiner wußte es genau zu sagen. Wahrscheinlich aber war dieses eigenartige Vorkommnis eine Folge der neuen ungewohnten Nahrung, an der sich Tristan nach der Überwindung seiner Abneigung gegen tote Fische in seinem Heißhunger überfressen hatte. Die jähe Jagd nach der Beute hatte das leicht verfettete Herz nicht mehr mitgemacht und eine Ohnmacht war die natürliche Folge. Ohne die sofortige Hilfe von Heinz wäre Tristan an diesem Vormittag ertrunken. Sofort verordnete die Direktion Diät; der See-Elefant wurde auf halbe Portion und mageren Kabeljau gesetzt. Ihm fehlte ja auch die jährliche Fastenzeit von drei Monaten. In der freien Wildbahn wäre ihm das nie passiert. Aber welcher Zoo läßt seine Riesenrobbe schon drei Monate hungern?

Es gibt Dinge in der Haltung von Wildtieren in Gefangenschaft, die man allein aus technischen Gründen nicht durchführen kann, obwohl man weiß, wie anders der Lebens- und auch der Ernährungsrhythmus dieser Geschöpfe draußen aussieht. Man versucht für sie den besten Kompromiß zu finden. Die tägliche Raubtierfütterung zum Beispiel entspricht überhaupt nicht dem Verhalten dieser Tiere in Savanne, Busch und Dschungel. Nach dem Schlagen ihrer Beute haben die meisten von ihnen genug für eine Woche und noch länger. Sie gehen nicht eher wieder auf Jagd, bevor sie nicht der knurrende Hunger treibt. Da ein Löwe im Zoo nicht jagen kann, ist er — so eigenartig es auch klingt — permanent satt. Mit homöopathischen Gaben wird täglich — außer Montag — reizlos sein kleiner Appetit gestillt. Zum echten Hunger kommt er nie, und Fettsucht bei Löwen ist keine so seltene Todesdiagnose im Käfig.

Heinz verpaßt daher seinen Robben als kleinen Freiheitsersatz dreimal täglich eine tüchtige Reizdusche. Die Tiere müssen sich um ihren Fisch bemühen, den sie nur als »Arbeitslohn« für gelungene Dressur- und Bewegungsabläufe erhalten. Verweigert Tristan die Nahrung oder frißt Marion einmal schlecht, ist das für Heinz kein Grund, in Panik zu geraten. Meist geschieht so etwas in den Wochen der Brunft oder wenn die Riesen ihre Felle wechseln, zu einer Zeit also, wo ihnen die Natur das Fasten vorschreibt. Das Wohlbefinden seiner Tiere liest ihnen Heinz nicht von der Zunge ab. »Hauptsache«, sagt er immer, »der Kot ist in Ordnung...«

Aber zurück zu Tristan. Gefühlvolle Gedanken darüber, ob ihm bewußt ist, daß er dem Pfleger sein weiteres Leben verdankt, sind Unterstellungen und gehören ins Reich der Phantasie. Wer aber einmal den jungen Menschen bei seinem Spiel mit dem Koloß erlebte, ist geneigt, an etwas Besonderes zu glauben, das die beiden so ungleichen Wesen verbindet. Heinz selbst sieht in seinem guten Verhältnis zu Tristan nichts Mystisches, und er erklärt es mit harter beharrlicher Dressurarbeit auf der Grundlage scharfer Beobachtung, folgerichtiger Auslegung und nie erlahmender Liebe.

Zuerst versuchte er, seinen See-Elefanten dazu zu überreden, keine Einwendungen zu erheben, wenn er sich auf ihn setzte. Aber Tristan wies alle Annäherungsversuche, die seinen Rücken betrafen, unwillig zurück. Ja, er schüttelte in der ersten Zeit sogar die nur ganz leicht aufgelegte Hand des Menschen ab und blähte ärgerlich den dicken Nasensack. Schließlich begriff er, daß ihm von der Hand nichts drohte.

Dagegen ließ er alles gern geschehen, was sich vor seinen Augen abspielte, nur mußte es sich in den Rahmen see-elefantischen Benehmens fügen. Wenn sich Heinz heute wie selbstverständlich auf Tristans Rücken setzt, stellt oder legt, ahnen die wenigsten der vielen Zuschauer am Beckenrand, welche Summe an Geduld und Beobachtungen in diesen so einfach erscheinenden Dressurübungen steckt. Mehr als einmal allerdings mußte der junge Lehrer aus seinen Fehlern lernen. Oft nahm er Unterricht bei seinem Schüler Tristan, und zweimal staunte er sehr, als er sich während ganz normaler Fütterungen plötzlich im Wasser wiederfand. Anscheinend grundlos hatte ihn der See-Elefant angegriffen und ihm von oben her die Eckzähne seines Oberkiefers so kräftig in die Schulter gehauen, daß Heinz einen vollendeten Salto wider Willen schlug und aufspritzend im Becken verschwand, zum größten Gaudium seiner Zuschauer natürlich.

Nach seinem zweiten unfreiwilligen Bad, zu dem ihn Tristans Oberkiefer aufgefordert hatte, rekonstruierte er den Vorgang in allen seinen Einzelheiten, denn irgendwo mußte ja der Auslöser für Tristans noch unverständliche Reaktion liegen: »Ich stand vor Tristan — ich gab ihm einen Fisch — ich bückte mich zum Eimer — ich griff den nächsten Fisch — ich richtete mich wieder auf — und jedesmal dann traf mich der Hieb.« »Aufrichten«, war das Stichwort! Diese Bewegung nahm Tristan zum Anlaß seines Angriffs. Wie verhalten sich See-Elefantenbullen in der freien Wildbahn? Natürlich: See-Elefantenbullen, wenn sie kämpfen wollen, wenn sie einen Gegner vor sich haben, richten sich hochauf. Denn wer der Längste ist, kann auf den anderen mächtig herunterschlagen. Tristan hatte also das Aufrichten von Heinz als Aggressionsabsicht gedeutet und sich naturgemäß sofort zur

Wehr gesetzt. Man mußte ja dem anderen zuvorkommen. Jetzt bückte sich Heinz nicht mehr nach jedem Fisch, immer hat er viele in der Hand. Und auch der Eimer steht etwas weiter fort, damit er sich nicht vor dem Riesen direkt aufrichtet. Mit der Zeit konnte Heinz diese Vorsichtsmaßnahmen wieder abbauen: Tristan hatte nach und nach begriffen, daß dieses Sichbücken und das Wiederaufrichten nur rein kulinarischen Zwecken diente, sein Wohl förderte, und nichts mit Aggression zu tun hatte.

Das Becken ist leer. Müde von ihren Tobereien liegen Tristan und Marion in Hautkontakt nebeneinander und genießen die warme Sonne. Beide haben die Augen geschlossen. Sie öffnen sie auch dann nicht, wenn sich abwechselnd ihre Köpfe steil recken, um einem genüßlichen Schnauber den Weg aus den Nasenlöchern zu bereiten. Plötzlich fahren beide hoch und stellen sich wie auf Kommando auf ihre Vorderflossen. Aus der Ferne nähert sich ein dumpfes Poltern: Heinz schiebt die Zweiradkarre mit den vollen Fischeimern heran. Er hat sich Helfer mitgebracht. Alle kommen sie in Gummistiefeln und bringen kurzborstige Schrubber mit. Eine anstrengende Arbeit wartet jeden Freitag auf die Tierpfleger und die, die es werden wollen: Die Reinigung der Robbenbecken. Aufmerksam äugt das See-Elefantenpaar hinauf, und die abgesperrten Seelöwen brüllten sich heiser die Seele aus dem Leib. Zu gerne wären sie dabei in ihrer unstillbaren Neugier. Aber die Flinken würden zuviel Unfug anstellen, ließe man sie dabei. Auch wäre gar nicht sicher, ob nicht Dick, der Schwerenöter, in seinem Übermut einen der Pfleger ganz gehörig zwicken würde. Seelöwen haben da ganz eigenartige Manieren: Sie greifen gern von hinten an und fassen blitzschnell die Hose. Schon der Vater von Carl Hagenbeck machte in St. Pauli vor allem Publikum auf dem Spielbudenplatz seine peinlichsten Erfahrungen, und es gibt wohl kaum einen Seelöwendompteur, der nicht schon einmal in der Vorstellung ganz plötzlich im »Freien« stand.

Die Männer und Frauen lassen sich vorsichtig ins Becken

hinab, denn der hellblau und grünlich gleißende Grund ist trügerisch und von einer Glätte, als hätte ihn jemand mit Schmierseife poliert. Algen und die natürliche Verschmutzung durch die Tiere sind die Ursache. Der Boden des Bassins senkt sich von allen Seiten her zur Mitte, wo der Abfluß sitzt. Man muß sich höllisch vorsehen, sonst schliddert man ganz einfach ab. Heinz stellt einen Fischeimer an den Beckenrand und steigt als letzter dann hinein.

Ich bemerke, daß er keine Gummistiefel wie die anderen trägt. Er hat Kletterschuhe an, die gleichen, mit denen er seine Streifzüge in die Vorzeit durch Täler und Höhen macht. Was will er denn mit denen hier? »Bist du fertig?« ruft er zu mir herauf. »Ja, natürlich! Was soll's denn geben?« frage ich hinunter. »Wirst du gleich sehen!« lacht Heinz, holt einen Fisch und bleibt stehen. »Tristan! Tristan! Komm, Tristan!« lockt er den Großen. Schwerfällig macht sich der See-Elefant gehorsam auf den Weg. Er kennt die Stimme seines Herrn. Fast das ganze Becken hat der Riese zu durchqueren. Auch er hat Mühe, auf dem glibberigen Boden nicht wegzurutschen. Oft entgleiten ihm die Schwanzflossen, wenn er, sich mit ihnen abstoßend, seinen Rumpf nach vorne wirft. Jedesmal, wenn er einen Meter gewinnt, fällt klatschend die Masse seines Leibes auf den nassen Boden. Schließlich hat Tristan den Hang erklommen. Heinz hält ihm den Fisch vor die Augen, geht betont langsam um ihn herum nach hinten. Den Fisch sich zu holen, dreht der See-Elefant. Jetzt zeigt seine dicke Nase in die Beckenmitte. »Brav! Tristan, brav!« lobt Heinz den Ungefügen und gibt ruhig den Kabeljau in seinen Schlund. Plötzlich aber rennt er wie besessen ein paar Schritte von Tristan weg. Die Kletterschuhe greifen. Dann macht er auf dem Absatz kehrt und stürzt anlaufnehmend wieder auf Tristan zu: »Jetzt los, Tristan! Ab!« Mit einer wahren Hechtgrätsche schwingt sich Heinz auf Tristans Rücken, der brüllt und reißt gewaltig seinen Rachen auf. Da stößt er sich auch schon mit seinen Vorderflossen ab. Das Gefälle läßt ihn schneller werden, er gleitet auf seinem Speckbauch in die

Senke. »Los, Tristan, los!« — Ein unwirkliches Bild, wie ich es noch nie in meinem Leben sah! — Heinz reitet auf der Riesenrobbe und klatscht mit seinen Händen antreibend ihre Flanken. Das macht Tristan Spaß! Das ist unverkennbar. Pfützen spritzen auf, der Schwung ist mächtig. In eleganter Kurve schafft das Tier noch den halben Hang da drüben hinauf. Nun krümmt es sich, macht durch die Bewegung kehrt und rutscht wieder zurück ins Tiefere. Mit raschem Schwung springt Heinz von seinem Roß.

Zwei-, dreimal kann er den Ritt auf dem See-Elefanten wiederholen, dann aber hat Tristan genug und protestiert. Er wählt von sich aus ein anderes Spiel. Und jetzt ist er am Zuge. Drohend wirft er seinen gewaltigen Vorderkörper hoch und geht Heinz an, den er um einige Kopflängen überragt. Der weicht zurück und greift, mit hocherhobenen Armen eine größere Höhe vortäuschend, nun seinerseits an. So wogt das hin und her. Die beiden spielen Kampf, bis ihnen der Atem vergeht.

Heinz hatte mir nicht zuviel versprochen. Was ich hier erlebe, ist einmalig. Noch niemanden auf dieser Erde gelang bisher der Ritt auf einem See-Elefanten und noch dazu über eine solche Distanz. Immerhin gleitet ja Tristan seine guten zwanzig Meter mit Heinz auf dem Rücken durchs Becken.

Das ganz Besondere an diesem bewundernswerten Mensch-Tierverhältnis aber ist doch die Tatsache, daß Tristan aus dem Meere kommt. Seit der Antike — belegt durch Fabeln, Märchen und harte Tatsachen von Äsop bis in die Gegenwart — erliegen wir immer und gar zu gern dem Zauber wunderbarer Begegnungen zwischen Menschen und Meeressäugetieren. Heinz kennt das Bild der Münze von Taras, die die Stadt im Jahre 510 v. Chr. mit der Darstellung eines Delphinreiters prägen ließ, er kennt die fast unglaublichen Geschichten von der Rettung schiffbrüchiger Menschen durch Delphine, die Erzählung vom Sänger Arion und den Bericht von den vier japanischen Fischern, die 1963 durch zwei Delphine vom Tode des Ertrinkens gerettet wurden. Heinz hat mir seine Liebe zu Delphinen gestanden und möchte unbedingt versuchen, auch Tristan im Wasser zu reiten.

Gewiß ist sein Robbenritt eine Leistung der Dressur, und niemand wird behaupten, daß es Tristans freier Wille war, sich dem Menschen als Reittier anzubieten, wie es seine Meereskameraden, die Delphine, aus eigenem Antrieb taten und noch immer tun. Unbestritten ist ebenfalls, daß sich Tristans mäßige Intelligenz auch nicht im Entferntesten mit der eines Delphins, beispielsweise des von Opononi an Neuseelands Küste, messen kann. Dieses Tier ließ 1956 Kinder auf seinem Rücken reiten, ohne gefangen zu sein. Es kam aus dem Meer aus freien Stücken und kehrte dorthin zurück, wann immer es wollte. Beiden Fällen gemeinsam aber ist das bewundernswerte und nicht alltägliche Bild einer Freundschaft so verschiedener Wesen dieser Erde.

Geburt im Zoo

Die intensive Beschäftigung Tristans zeitigte noch ein anderes überraschendes Resultat, mit dem niemand ernstlich gerechnet, das Heinz sich aber im Innersten seines Herzens stets gewünscht hatte. Die ständige Forderung der Kräfte des See-Elefanten durch die Bewältigung der täglichen Dressuraufgaben brachte das Blut des Riesen in Wallung, ließ ihn zu keiner Stunde in die andere Tiere so bedrohende Gefangenschaftlethargie verfallen. In Spiel, Dressur und Scheinkämpfen tobte sich Tristan aus, bis er dampfte. So stellte sich ganz plötzlich ein, was Heinz in seiner Hedigerschen Fibel »Beobachtungen zur Tierpsychologie« immer wieder als Empfehlung des Schweizer Wissenschaftlers und Zoofachmannes gelesen hatte: Stellt den Zootieren Aufgaben, beschäftigt sie mit Dressuren — und Nachwuchs wird nicht ausbleiben.

Am Sonnabend, dem 9. Mai 1964, um 16 Uhr, klingelt das Telefon in der »Wilhelma«-Direktion. Ein Pfleger ist am Apparat. »Die Marion schreit so verrückt. Können Sie mal rasch kommen? Sie ist in ihrer Einzelbox«, hatte der Mann ganz aufgeregt in die Muschel gerufen. Der diensthabende Zoologe packt eiligst ein paar Medikamente und Spritzen zusammen, rennt zum Robbenbecken hinunter. Als er atemlos vor der Boxe steht, traut er seinen Augen nicht: Neben Marion liegt ein quäkendes, kohlrabenschwarzes Fellbündel, ein kleiner See-Elefant. Marion hat einem Kinde das Leben geschenkt, im achten Jahr ihres Zusammenlebens mit Tristan. Niemand hatte damit ernstlich gerechnet, obwohl man Tristan in seiner Brunftzeit schon bei Deckakten beobachten konnte. Bei Marions Körperzustand war keinem die Schwangerschaft aufgefallen. Die Geburt muß gerade erst passiert sein, noch verbindet die Nabelschnur Mutter und Kind.

Rasch nabelt der Fachmann ab, läßt Heinz rufen. »Bist Vater geworden, Heinz!« Lachend klopfen ihm die Kollegen auf den Rücken. Heinz strahlt: See-Elefantennachzucht im Zoo — eine kostbare Rarität! Rasch jedoch verdüstern sich seine Mienen, als er sich über Marion beugt: »Hier muß ich wohl besser Mutter werden, wenn der Kleine durchkommen soll.« Der Herr der Robben hat mit einem Griff festgestellt: Marion führt keine Milch. Auch das typisch zwiespältige Verhalten des Muttertieres nach einer Erstgeburt macht ihm Sorge. Marion ist furchtbar erregt, fühlt sich zwar zu ihrem Kinde hingezogen, kommt es ihr aber näher, zieht sie sich sofort mit allen Zeichen panischer Furcht zurück in den äußersten Winkel ihrer Box. Das Kind bei der Mutter zu lassen, wäre leichtsinnig. Es könnte sein sicheres Ende bedeuten. Man trennt die beiden, und Marion hat durchaus nichts dagegen einzuwenden.

Wie aber ernährt man ein See-Elefantenbaby künstlich? Soviel man auch sofort Bücher wälzt und die vorhandene Fachliteratur befragt: Es liegen keinerlei Erfahrungen vor. Es gibt auch keine Analyse der See-Elefantenmuttermilch. Wohl wurden in anderen Zoos auch schon See-Elefanten geboren, aber bis zur Frage nach der künstlichen Ernährung kam man erst gar nicht: Keiner dieser Säuglinge überlebte seinen ersten Tag. Heinz sucht telefonisch Rat bei Frau Dr. Mariane Reineck in Wilhelmshaven, bei der »Heuler«-Mutter. Sie könnte es vielleicht wissen. Heinz bekommt sofort ihr Rezept der künstlichen Seehundbabynahrung: Haferschleim und feingemahlener Hering, verabreicht durch die Magenschlauchsonde. Zwangsernährung also für den jungen schwarzen Burschen.

Vier Mann braucht man bei dieser Prozedur. Der Kleine — man hat ihn gleich auf die Wage gelegt und auch vermessen — wiegt schon 30 Kilo, ist 1,36 m lang und sein dicker Kopf hat einen Umfang von 59 cm. Ein echtes Riesenbaby! Heinz hält es bei den Zwangsmahlzeiten zwischen seinen Knien, sein Assistent stützt den kleinen Riesen, ein Zoologe führt die

Schlauchsonde durch den Rachen direkt in den Magen des Säuglings, und Frau Scharpf, selbst Tierpflegerin, gießt die künstliche Nahrung durch einen Trichter in den Schlauch. Fünf Mahlzeiten pro Tag werden angesetzt mit je einem Liter Haferschleim-Heringsgemisch. Heinz atmet auf: »Dickkopf« behält die Nahrung. In der Freiheit wäre das Robbenkind eines elenden Hungertodes gestorben. In der »Wilhelma« beginnt der Kampf besorgter Menschen um sein Leben. Man bringt das Baby über die ersten Tage, über die erste Dekade. In der »Wilhelma« ist man froher Hoffnung. An seinem elften Lebenstag wird die schwarze Pelznudel in einer Pressekonferenz der Öffentlichkeit vorgestellt. Die Nachricht wirkt als Sensation. Noch niemals lebte ein im Zoo geborenes See-Elefantenkind so lange.

Die Leitung der »Wilhelma« faßte am fünften Lebenstage des schwarzen »Dickkopf« zusammen, welchen Problemen sie bei der erfahrungslosen Aufzucht gegenüberstand. Zwischen den Zeilen spürt jeder das bange Herzklopfen bei der unausgesprochenen Frage: »Ob wir da wohl alles richtig machen?«

Stuttgart-Bad Cannstatt, 14. 5. 1964:

»Zum Glück war die ›Heuler-Mutter‹ von Wilhelmshaven, Frau Dr. Reineck, telefonisch erreichbar. Sie empfahl, das von Dr. Ehlers von den Tiergrotten Bremerhaven entwickelte Fütterungsverfahren — Haferschleim und feingemahlenen Hering — anzuwenden. Allerdings schien es am Abend so, als ob wir gar nicht mehr dazu kommen würden, das bei Dutzenden junger Seehunde erprobte Verfahren anzuwenden, da das Tierchen am ersten Abend von Stunde zu Stunde schwächer wurde und kaum Hoffnung bestand, daß es die Nacht überlebte. Zu unserer unaussprechlichen Freude schlief es die Nacht wunderbar durch und wachte frisch und kräftig am anderen Morgen auf. Seitdem bekam es am 1. und 2. Tag fünf Mahlzeiten und danach vier Mahlzeiten mit jeweils anfänglich ½ Liter und später 1 Liter Nahrungsflüssigkeit. Wenn wir das Lebendgewicht dieses See-Elefantenbabys mit dem eines Menschenbabys vergleichen, ist die an und für sich beachtliche Menge von z. Z. stark vier Liter nicht allzu viel. Es entspricht höchstens der Hälfte dessen, was ein vollentwickeltes Kind braucht. Dabei muß man berücksichtigen, daß ein in der freien Wildbahn geborenes See-Elefantenbaby innerhalb von drei Wochen sein Gewicht vervierfacht! Mit anderen Worten, der Appetit dieses jüngsten ›Wilhelma‹-Insassen wird sich in den nächsten Wochen noch ganz beträchtlich steigern müssen. Es tauchen dabei natürlich noch eine ganze Menge Probleme auf. Während man früher den Robbenbabys bei künstlicher Ernährung mit Fetten angereicherte Milch reichte, handelt es sich hier um eine völlig andere Diät. Die Jungen bekommen gewissermaßen schon in zartester Jugend das verabreicht, was ihnen auch im späteren Leben als Nahrung dient, nämlich Fisch, wenn auch in gemahlener Form. Es ist verständlich, daß dies eine gewaltige Umstellung in der Ernährung des jungen Tieres bedeutet. Daß aber manche Robbenarten in der Lage sind, diese Umstellung zu überstehen, beweist die Seehundzucht. Der bisherige Erfolg der ›Wilhelma‹ in der ersten Lebenswoche des jungen See-Elefanten scheint dem ebenfalls recht zu geben. Ein glücklicher Umstand ist es dabei, daß die ohrlosen Robben, zu denen Seehunde und See-Elefanten gehören, nur sehr kurze Zeit säugen. Bei den See-Elefanten dauert dies etwa drei Wochen, dann ist das Junge auf die Ernährung durch Fische angewiesen. Es ist deshalb mit großer Wahrscheinlichkeit der ganze Organismus dieser Tiere in einem weit stärkeren Maße auf sofortige Fischernährung eingestellt, als bei den Ohrenrobben, wie beispielsweise den Seelöwen, die eine Säugezeit von 9 bis 12 Monaten (in Gefangenschaft oft noch länger) haben oder gar den Walrössern, bei denen die Säugezeit in freier Wildbahn bis zu zwei Jahren dauert.

Dieser drollige, kleine Kerl ist der ganzen Belegschaft der ›Wilhelma‹ so ans Herz gewachsen, daß nicht mehr der Anreiz des wissenschaftlichen Rekordes um die Lebenserhaltung dieses Tieres alle Verantwortlichen zittern läßt, sondern schlicht und einfach die Liebe zu diesem hübschen Geschöpf jeden, der das Kerlchen kennt, hoffen und wünschen läßt, daß es gelingt, es durchzubringen.«

Vier Tage später löscht der Tod das junge Robbenleben aus. »Darminfektion« heißt es lakonisch im Befund. Die fettarme Heuler-Aufzuchtnahrung war für das See-Elefantenbaby nicht das Richtige gewesen.

In der gleichen Zeit treibt es Tristan zu neuer Hochzeit. Wie auf den Felseninseln des Südatlantiks folgen Geburt und Paarung dicht aufeinander.

Das Robbenjahr vergeht.

Am 13. Mai 1965 erblickt Marions zweites Kind das Licht der Welt. Diesmal ist es ein Mädchen, und wieder ist Marion eine Rabenmutter. Die Angst vor dem ersten Kind hat der Interesselosigkeit dem zweiten gegenüber Platz gemacht. Und während Marion erneut der Sinn nach Tristan steht, kämpft wieder Tag und Nacht ein kleines Menschenteam um das junge Robbenleben: Der Biologe Dr. Wilbert Neugebauer, der Pfleger Heinz und Lothar, sein Helfer.

Nach den schlechten Erfahrungen des vorigen Jahres, weicht die Zusammensetzung der Aufzuchtnahrung erheblich von der für »Dickkopf« ab. Waren die Männer der »Wilhelma« von Marions erstem Kind völlig überrascht worden, der zweiten Geburt stehen sie weit besser vorbereitet gegenüber. Nach dem Tode »Dickkopfs« begann Dr. Neugebauer eine weltweite Korrespondenz mit den Robbenfachleuten dieser Erde. Ihre Antworten und das Studium der einschlägigen Literatur trugen jetzt Früchte.

Und eines stand an erster Stelle: Fett, hochprozentiges Fett mußte her. Die 40%ige Milch wurde gesucht, zehnmal so fett wie die normale Kuhmilch. Hilfesuchend wandte sich Dr. Dr. Neugebauer an die Stuttgarter »Südmilch«. Man konnte helfen. Eine Zentrifugen-Spezialbehandlung der Kuhmilch sicherte dem See-Elefantenbaby die lebensnotwendige Fettmilch. Nur gab es da noch ein Problem, das man nie zuvor beachtet hatte: Kuhmilch hat Milchzucker, der Robbenmuttermilch fehlt er, sie ist Kohlehydratfrei — und mit den Kohlehydraten kann ein Robbenmagen nichts anfangen, er reagiert darauf mit Durchfall. Der »Südmilch« gelang es, den Milchzuckeranteil auf 2,4 % zu drücken — und die nahm der Robbenmagen gerade noch in Kauf. Fehlte der kleinen Robbe aber immer noch etwas in der Milch: Eiweiß! Man ersetzte es mit dem Rinderserum »Boviserin«.

Die Ernährung des See-Elefantenmädchens sah wesentlich anders aus als die ihres verstorbenen Brüderchens. Dr. Neugebauer beschrieb sie, und seine Worte in ihrer emotionslosen wissenschaftlichen Klarheit sagen mehr über den unermüdlichen Kampf der Männer um das Robbenleben aus, als es tiradenreiche Elogen vermöchten:

»Als erste Nahrung wurden Boviserin und frisches Rinderserum gereicht. Ab dem 2. Tag wurde 40%ige Sahne mit Boviserin angereichert und zur Vitaminversorgung mit Multi-Mulsin und A-Mulsin versehen, mit der Schlundsonde körperwarm eingegeben. Die Nahrungsmenge wurde von zunächst 2 % des Körpergewichtes pro Tag, bei drei Mahlzeiten, auf schließlich 5 %, bei fünf Mahlzeiten täglich, gesteigert bis zum 21. Lebenstag. Ab dem 22. Lebenstag wurden im Mixgerät zerkleinerte Miesmuscheln in steigender Menge zugefüttert und ab dem 29. Tag mit auf die gleiche Weise hergestelltem Heringsbrei ergänzt. Mit der Steigerung der Fischbreigaben wurden Muschelfleisch und Sahne zurückgenommen, so daß schließlich bei gleichzeitiger Steigerung der Gesamt-Futtermenge auf etwa 9 % des Körpergewichtes täglich, reiner Fischbrei mit geringem Sahneanteil verfüttert wurde. Um diesen Brei flüssig zu halten, wurde die entsprechende Minimalmenge Wasser zugesetzt. Mit dem 34. Tage wurden dann kleine, etwa 80 Gramm schwere, frische Heringe verfüttert, von denen das Junge am 1. Tag etwa 750 Gramm zu sich nahm. Diese Menge wurde wiederum langsam gesteigert, so daß bis zum 60. Tag ungefähr 3,2 Kilo täglich gefressen wurden, bei einem inzwischen erreichten Körpergewicht von 45 Kilogramm.

Nach der Geburt fiel das Gewicht ab auf 29,75 Kilogramm (Geburtsgewicht 30,5 Kilogramm) und am 16. Tag noch einmal stärker auf 28,8 Kilogramm. Erst am 24. Lebenstag war das Geburtsgewicht wieder erreicht. Nach Beginn der Fischfütterung erfolgte aber eine ständige, regelmäßige Zunahme, so daß das Geburtsgewicht bis zum 9. August nach 88 Tagen sich verdoppelt hatte. Nach einem Jahr, am 12. Mai 1966, wog der junge See-Elefant mit 187 Kilogramm mehr als das Sechsfache, und war inzwischen auf 184 cm (Geburtslänge 1,33 m) herangewachsen. Die schwarze Babywolle wurde schon ab dem 10. Tag verloren, sie hielt sich am längsten im Kopfbereich, und nach vier Wochen war das Junge vollständig durchgehärt. Da sich der Nabel nur langsam schloß, wurde das erste Bad mit freiem Schwimmen im großen Bekken erst am 40. Tag gestattet, obwohl das Junge sicherlich schon früher geschwommen wäre.«

33 Tage lang steht der Pfleger bis zu fünfmal täglich in der kleinen Robbenküche, schneidet Muscheln auf, entnimmt ihren »Bart«, entgrätet Heringe und entfernt ihre Drüsen, wiegt ab, gibt alles in den Mixer. Um fünf Uhr morgens ist die erste Mahlzeit. Aber Heinz nimmt gerne alles auf sich, diese Arbeit hat ihren Lohn. Das Riesenbaby macht ihm auch keine Schwierigkeiten. Sieht es den Schlauch der Magensonde nur von fern, wird es schon unruhig und stürzt sich auf das rote Ding, um es von selbst zu schnappen und solange herunterzuschlucken, bis das Ende des Schlauches auf dem Magengrund gelandet ist. Die Zwangsernährung geht ganz glatt vonstatten.

Seit dem Geburtstag des Robbenkindes gab es für Heinz nicht den geringsten Zweifel darüber, wie er es nennen wird. Nur — und darin ist er abergläubig wie seine Frau — wird er das Kleine erst bei seinem Namen nennen, wenn die kritische Phase der Nahrungsumstellung auf Fisch erfolgreich überwunden ist. Am 34. Tag nimmt das Baby seinen ersten Hering an. Es ist ein kleiner roter Hering. »Rot«, so denkt sich Heinz dabei, »sollen die ersten Heringe sein, rot wie der

Schlauch der Sonde, nach dem sich sein Elefantenkind so reißt, an den es sich gewöhnt hat.« Ob allerdings See-Elefanten farbig sehen, weiß der ideenreiche Robbenpfleger nicht. Er will aber auf alle Fälle möglichst jeden psychologischen Trick benutzen. Sein Pflegling soll komplikationslos an die Fische kommen. So sieht man Heinz am frühen Morgen dieses Tages in der Robbenküche stehen und kleine Heringe mit ungiftiger roter Farbe anpinseln. »Mann, Mann!« meint Helfer Lothar und schabt sich am Kinn, »auf was du nicht alles kommst?!«

Das Tier schluckt alle roten Fische. Die nächsten werden »en nature« serviert und ohne ein Verweigern angenommen. Eine Woche später feiert das Robbenmädchen seinen Namenstag: »Isolde!« ruft es Heinz. Wie könnte es auch anders sein bei einem Vater namens Tristan. Da sich Marion um ihr Kind nicht schert, muß Heinz auch die Körperpflege bei dem Baby übernehmen. Unendliche Male am Tage legen Heinz und seine Helfer ihr Riesenrobbenkind trocken, säubern es von Kot, was sonst dem Muttertier obliegt, und waschen es. Am Zaun hängen die bunten, nassen Windeln und Handtücher zum Trocknen im Wind. Vor jeder Mahlzeit wird das Kind gewogen. Da Robbenmütter ihre Säuglinge mit einer innigen Nasenberührung zu begrüßen pflegen, ist es für Heinz eine Selbstverständlichkeit, diese See-Elefantengewohnheit bei seinem Pflegling an Mutterstelle zu übernehmen. Die herzliche Begrüßung von Nase zu Nase ist kein läppisches Spiel eines Spinners und Tierfanatikers, dieser Kontakt ist von eminenter Wichtigkeit für das Aufkommen des Robbenkindes und sein seelisches Wohlbefinden. Auch ein See-Elefantenbaby braucht »Mutterliebe« mit hautnaher, atemwarmer Annäherung. Heinzens Nasenkuß ist für Isolde genauso wichtig wie der Hering.

Seit »Dickköpfchens« Tod hat Heinz Scharpf sehr viel dazugelernt. See-Elefanten werden an Land geboren. Bevor die Jungtiere ins Wasser gehen, müssen sie ihren ersten Fellwechsel durchgemacht und ihren sattschwarzen Babypelz abgelegt haben. Sollte ein Säugling einen vorzeitigen Drang nach seinem zukünftigen Element verspüren, sich aufmachen und versuchen, ins Wasser zu robben, wird es mit einem harten und unmißverständlichen Nasenstüber oder Flossenschlag von der Frau Mama daran gehindert.

Nach vier Wochen in der Regel — manchmal allerdings auch etwas früher — fahren die Jungtiere zum ersten Male in ihrem Leben aus der Haut und stoßen ihr zottiges Wollfell mitsamt der darunterliegenden Haut Fläche um Fläche ab. Würden die Kleinen in ihrem Wollkleid schwimmen wollen, es würde sich vollsaugen und schließlich die Babys in die Tiefe ziehen. Den lebensnotwendigen Fellwechsel bringt das »Wilhelma«-Robbenkind bestens, wenn auch schon ab seinem 10. Lebenstage, hinter sich. Zwei Wochen später steckt nur das Köpfchen noch in einer Pelzkappe. Am ganzen Körper trägt es schon sein neues Kleid, ein glatthaariges, dessen samtene anthrazitfarbene Rückseite sich deutlich von der hellen, seehundfarbenen Bauchseite abhebt. Am liebsten würde jetzt das Elefantenbaby baden gehen — noch aber ist sein Nabel nicht vollkommen abgeheilt. Da möchte Heinz kein unnützes Risiko eingehen. Die paar Tage kann es nun auch noch warten.

Der 21. Juni 1965. An diesem Tage wird das Robbenbecken der »Wilhelma« zum Schauplatz einer einmaligen Szene, einer Welturaufführung. Ein Mensch bringt einem See-Elefanten das Schwimmen bei! Solange Menschen und Tiere auf dieser Erde wandeln, hat es so etwas noch nicht gegeben.

Robbenvater Heinz, der bei Isolde ja auch Mutterstelle vertritt, muß seinem Kinde wie eine echte See-Elefantenmutter beim Schwimmenlernen helfen. Zum ersten Male öffnet sich an diesem Morgen für das Robbenkind die Gittertür zum Wasser. Heinz Scharpf sitzt am Beckenrand, nur eine Badehose hat er an, und lockt Isolde mit einem kleinen Hering näher an ihr Element. Diese Robbe wird der erste See-Elefant der Welt sein, der nie das Salz des Meeres schmeckte. Zögernd kommt Isolde dem lockenden Hering näher. Mit langem Hals und weit vorgestrecktem Kopf mustern ihre blanken Taleraugen skeptisch die blinkende, glitzernde Fläche, das spiegelnde Wasser, das sie nicht kennt. Sie robbt näher, steckt prüfend ihre Nase ins Naß, niest und zieht erschrocken ihren Kopf wieder zurück. Zum rauschenden Stapellauf fehlt ihr jede Idee. Wie sollte es auch anders sein. Selbst ein Robbenbaby stürzt sich nicht kopfüber in das völlig Unbekannte. Isolde ist unsicher, schreckt vor dem noch fremden Element zurück. Die Wasserfläche ist leer, niemanden sieht sie, der mit der blanken Fläche da umzugehen versteht. Heinz muß die Führung übernehmen. Rasch gleitet er ins Wasser und breitet von hier aus kosend seine Arme um das Robbenkind. Zum Nasenkontakt hebt Isolde ihren Kopf dem Gesicht des Menschen entgegen. Das Vertrauensverhältnis ist aufs neue aktiviert. Noch liegt dabei die Robbe an Land, Heinz dagegen schaut nur noch mit seinem Kopf aus dem Wasser. Sein Gesicht ist dicht vor dem des Tieres. Er lockt: »Komm, Isolde, komm doch!« Schnuppernd und wieder kontaktsuchend nähern sich ihm Isoldes Nasenlöcher, schon spürt er die Wärme ihres Atems. Da aber geht er rückwärts ein paar Schritt tiefer ins Wasser — und das Robbenkind, ihm folgend, gleitet sanft in sein Element. Die unter dem Wasserspiegel ausgebreiteten Arme seiner menschlichen Pflegemutter fangen es auf. Das Wasser trägt, Heinz spürt kaum das Gewicht der 70 Pfund.

Ein noch nie gesehenes Bild: Eine Robbe, die in der Hand des Menschen ihr eigentliches Element erkundet, mit seiner Hilfe das Schwimmen lernt. Keinen Blick läßt das junge Tier von Heinz, als wolle es aus seinen Augen zuverlässig lesen: Wo wir zusammen sind, kann mir nichts geschehen. Langsam nimmt Heinz seine Rechte unter dem kleinen Körper weg. Immer stärker spürt Isolde die tragende Kraft des Wassers, aber ängstlich wendet sich ihr Blick zur »Mutter«. Da entzieht ihr Heinz auch seine Linke noch, das Robbenkind schwebt frei im Wasser, taucht unter, ungeschickt. Es ist das erste Mal in seinem Leben. Aus seinen Nasenlöchern steigen Luftblasen an die Oberfläche. Zu früh hat es ausgeatmet. Extrem weit ausgestreckt, ja krampfhaft halten die Robbenvorderflossen die Balance, tapsig wie ein junges Fohlen bei seinen ersten Schritten auf der Weide. Dann aber ändert sich die Situation mit einem Schlage: In den nächsten Sekunden sind Robbe und Wasser eins. Isolde umschwimmt ihre menschliche »Mutter«, als hätte sie anderes nie gekannt. Jetzt wird es Zeit für Heinz zum nächsten Schritt. Er stürzt sich in die Fluten, schwimmt seiner Isolde davon. Sie hinterher. Ein Hasch-mich-Spiel hebt an, daß die Wellen spritzen. Als Heinz, erschöpft und außer Atem, schließlich ans Ufer will, kommt Isolde auf ihn zugeschwommen. Unmißverständlich fordert sie ihn zum Nasenkuß auf, als wolle sie damit zum Ausdruck bringen: »Da bin ich wieder! Habe ich das nicht gut gemacht?«

Ein rührendes Bild unendlichen Vertrauens. Frau Heinz nimmt ihr nasses Kind in die Arme. Nase an Nase stehen beide im Wasser, und die Harmonie genießend schließt Isolde ihre großen Augen. Ein Mensch brachte einer Robbe das Schwimmen bei.

Aber aller Einsatz war umsonst! Die Tierfreunde der »Wilhelma« hatten wochenlang Tage und Nächte darangegeben, Isoldes Leben zu retten und ihr den Weg in den Robbenalltag zu ebnen. Im blühenden Alter von anderthalb Jahren, kerngesund und pudelmunter, raffte Isolde eine heimtückische Vergiftung dahin. Zur gleichen Zeit starb im gleichen Becken unter ähnlichen Erscheinungen eine Seelöwenmutter mit ihrem Kind.

Der Stuttgarter Robbenmensch

Am 2. Februar 1970 lag Tristan, der Star der »Wilhelma«, tot im Robbenbecken. Die vier Seelöwen, die mit ihm das Wasser teilten, waren an seinem Tode nicht ganz unschuldig. Tristan hatte schon in den beiden Jahren zuvor immer mehr von seiner Sehkraft eingebüßt und schließlich seine bekannten Kunststückchen unter der behutsamen Hand von Heinz Scharpf nur noch nach Gehör, Ortskenntnis und Erinnerung zum Besten gegeben. Er tat das so perfekt und bewegte sich zu Lande wie im Wasser mit einer solchen Sicherheit, daß die wenigsten der Zuschauer seine Blindheit bemerkten. Die Seelöwen im Becken aber spürten, daß es mit dem blinden Riesen zu Ende ging, daß seine Kräfte ihn verließen. Zunehmend verloren sie ihren Respekt vor dem Alten und scheuten sich nicht, Raufereien mit ihm zu beginnen und ihn zu zwikken, wo sie nur wollten. So gut sie vermochten schritten Heinz und seine Männer gegen die Übergriffe der flinken Bande ein, aber sie konnten nicht verhindern, daß sich aus einer kleinen Bißwunde an der linken Armflosse Tristans eine Phlegmone entwickelte. Eine Infektion folgte auf dem Fuße. Trotz aller tierärztlichen Hilfe erlag ihr das mächtige Tier unter starken inneren Blutungen. In den dreizehn Jahren, die Tristan in der »Wilhema« lebte, hatte ihn Heinz Scharpf zur Symbolfigur des Stuttgarter Zoos gemacht. »Wohl selten hat ein Tier so vielen Menschen derart viel Freude und Vergnügen bereitet, wie Tristan mit seinen täglichen Dressurübungen, deren eigentlicher Sinn darin bestand, ihn durch Bewegungen vom überflüssigen Speck zu befreien und in Kondition zu halten.« So heißt es in Tristans Nachruf.

Man hatte das Ende des Riesen kommen sehen. Da auch Marion nicht mehr unter den Lebenden weilte, sie hatte schon drei Jahre vor dem Ende ihres Paschas das Zeitliche gesegnet und war an Altersschwäche eingegangen, würde jetzt im Robbenbecken der »Wilhelma« jedes See-Elefantenleben erloschen sein, hätte man nicht vorgesorgt. Erich Graeber, Tierfänger aus Rastede und spezialisiert auf die Fauna des kalten Südatlantik, lud schon im November 1968 den benötigten See-Elefanten-Nachschub vor dem Stuttgarter Robbenbecken ab: Nelly und Maya, zwei Teenager, und Sammy, einen Halbstarken. Mit dem Kaufvertrag unterschrieben die Partner auch eine Klausel, die bestimmt, daß die Tiere erst dann bezahlt zu werden brauchen, wenn sie Futter annehmen. Diese Einschränkung ist üblich beim Ankauf von Robben, da es früher oft passierte, daß die teuer erstandenen Tiere, ohne einen Happen anzunehmen, eingegangen sind. Das ist natürlich immer wieder ein großes Risiko für Erich Graeber, denn schon damals kostete ein See-Elefant seine guten 12 000 Mark — und sehr viel Reingewinn bleibt dem Fänger nicht, da Unkosten des Fangvorgangs an sich und der weite Transport sehr viel Geld verschlingen. Um bei Erich Graeber kurz zu bleiben: Nach 17jähriger Fangtätigkeit gab er 1972 auf. Die Fanglizenzen, das Fängerteam, das Chartern der Fangboote, Hafenliegegebühren, Futterkosten, Netze und schließlich der Transport selbst sind so teuer geworden, daß man heute einen See-Elefanten für mindestens 25 000 bis 30 000 DM veräußern müßte, wollte man noch etwas an dem Tier verdienen. Tristan und Marion stammen auch aus der Hand Graebers.

Bei der »Wilhelma« brauchte der Tierfänger nicht darum zu bangen, daß die Verkaufsklausel in Anwendung kommen würde. Hier ist ja Heinz Scharpf der Robbenboß, der Fachmann für das Eingewöhnen. Schon 1968 sieht Heinz im Jungbullen Sammy den Kronprinzen. Er soll einmal an die Stelle des alten Riesen treten. Hatte Tristan im Laufe der vielen Jahre seinem menschlichen Freund fast alles gestattet und sich zu den ausgefallensten Dressuren bereitgefunden, den Ritt im Wasser hat er ihm stets verweigert.

So sehr sich Heinz auch bemüht hatte, Tristan im Wasser zu besteigen, er wehrte ihn ab, nicht böse zwar, aber konsequent. Würde er es mit Sammy schaffen?

Von Anfang an stellte der Stuttgarter Robbenmensch alles darauf ab, mit dem Neuen ins beste Verhältnis zu kommen. Nach dem Ausladen läßt er den Tieren drei Tage völlige Ruhe. Auch sie waren wie einst Tristan sechs Wochen unterwegs gewesen. Graeber fing sie aber diesmal auf den Falkland-Inseln. Über Montevideo und Rotterdam reisten sie nach Stuttgart.

Von den Zoobesuchern nicht einzusehen hat Heinz eine Robbenstallung hinter dem großen Becken. Hier können sich die Drei erst einmal die Flossen vertreten, auch ein kleines Becken — so drei Schwimmstöße lang — steht ihnen dort zur Verfügung. Und dann kommt wie immer die Nahrungsumstellung auf den toten Fisch. Heinz schafft es sozusagen im Handumdrehen. Zwei Stunden nur braucht er bei jedem der Tiere. »Bei mir«, lacht er, »brauchte die Direktion die Klausel nicht in den Kaufvertrag zu setzen!« Heinzens Trick: In das halbvolle Stallbecken kommen lebende Süßwasserfische. Ihre raschen Bewegungen reizen den Fangdrang der hungrigen Robben. Bald schnappen die jungen Riesen zu. Der erste Bann ist gebrochen. Dann tötet Heinz ein paar dieser Fische, bohrt ein Loch durch ihre Schwänze, zieht Nylonfäden hindurch und wirft immer einen ins Becken und zieht ihn wedelnd vor den See-Elefanten durchs Wasser. Die Robbe packt zu. Mit jedem Fisch wird die Schnur kürzer und der Abstand zwischen Hand und Fisch kleiner. Schnell hat das Tier gemerkt: Von den Fingern an der Schnur droht keine Gefahr. Dann dreht Heinz den Fisch in seiner Hand um und bewegt ihn, schwanzvoraus, lockend unter Wasser. Das Manöver klappt, die Robbe greift zu. Nun ist es nur noch ein kleiner Schritt, bis der Fisch auch über der Wasseroberfläche angenommen wird.

Nach ein paar Tagen geht Heinz bei Sammy zur Kontaktpflege über. Alle Robben, das weiß er aus seinen Beobachtungen im Zoo, suchen beim Ruhen engen Körperkontakt mit ihren Artgenossen. So legt sich Heinz, als wäre er eine Robbe, nach den Mahlzeiten zu Sammy in den Stall. Zuerst zwar vorsichtig auf Distanz, man kann ja nie wissen, wie der große Partner auf diese Bewegung reagiert, und was man als Mensch trotz allen guten Willens dabei falsch macht. Vielleicht kann das Bücken vor dem Hinlegen schon als Feindverhalten ausgelegt werden. Heinz muß das alles selbst probieren. Es gibt kein Buch, in dem geschrieben steht, wie ein Mensch sich zu einem See-Elefanten hinzulegen hat. Von Mal zu Mal rückt er näher an den Koloß heran, da Sammy kein Mißfallen äußert. Schließlich ist er dem Tier so nahe, daß nicht einmal das berühmte Blättchen Seidenpapier zwischen ihnen noch Platz hätte. Haut an Haut liegen die beiden und spüren ihre Wärme, ihren Puls. Monatelang führt Heinz dieses Training durch. Es ist Winter und oft erheblich kalt im Robbenstall und immer naß. Obwohl Mensch und Tier auf einem Holzrost liegen, nicht also in Lachen und Pfützen, bedeutet diese tägliche Übung für Heinz eine ganz gehörige Strapaze. Weit steht in diesen Wochen der Kognak nicht.

Endlich wird es Frühling, man geht vors Haus. Nun liegen die beiden in der warmen Sonne und halten Siesta in der Mittagszeit, Sammy duldet schon die Hand des menschlichen Kumpanen auf seinem Rücken, dann sein Bein. Eines Mittags schiebt sich Heinz ganz sacht auf den Rücken des Bullen — und Sammy scheint sich nicht einmal darüber zu wundern. So als schöbe sich beim dichten Liegen in der Herde ein anderes Tier auf seinen Speck, duldet Sammy den Druck auf seinen Rücken. Jetzt kann es weitergehen. Sammy schwimmt bereits in einem Teil des großen Beckens. Ein starkes Gitter trennt es von dem übrigen, wo Tristan noch unumschränkter Gebieter ist, wenn schon auf einem Auge blind. Man kann die beiden Bullen nicht zusammenlassen, es würde Mord und Totschlag geben. Heinz weiß, wann Sammy in das Becken robbt. Eines Vormittags, es ist schön warm, hat der Robbenlehrer nur eine Badehose an. Er wartet, bis Sammy sich auf den Weg zum Becken macht. Eben noch lag er neben dem Tier, jetzt steht er auf, hält sich hautnah an Sammy, geht so mit ihm dem Becken entgegen, dann plötzlich schwingt er sich auf den Rücken des See-Elefanten. Zur rechten Zeit. Schon bekommt Sammy Übergewicht und rutscht ins Becken — und mit ihm Heinz auf seinem Rücken. Das Wasser schäumt auf, in der Gischt verschwinden Mensch und Tier. Wird Heinz sich halten können? Nur mit Waden und Hakken kann er sich ein wenig festklammern. Auf Sammys Rükken gibt es weder Sattel noch Steigbügel. Wie ein Cowboy beim Rodeo muß Heinz die Bewegungen der Robbe ausbalancieren. Die beiden tauchen auf — und Heinz sitzt fest. Begeistert klatsche ich Beifall.

Ich bin mit meiner Kamera bei diesem ersten Mal dabei. Und schon wieder habe ich einen grandiosen Einfall dieses Robbenmenschen zu bewundern: Damit der See-Elefant mit Heinz auf seinem Rücken auch schön weiter vorwärtsschwimmt und er es sich nicht etwa einfallen läßt, plötzlich wegzutauchen, hält der raffinierte Tierlehrer seinem Zögling mit ausgestrecktem Arm einen großen Hering vor die Nase. Allzulange darf Heinz dieses Spiel mit dem Hering natürlich nicht treiben, ein paar Sekunden nur. Dann verkürzt er den Arm, und Sammy holt sich seine Beute. Neue Heringe treiben die Robbe von Runde zu Runde — und Heinz reitet im Wasser seinen See-Elefanten. Sein Wunschtraum ging in Erfüllung.

Die zirceneische Robbenfütterung der Stuttgarter »Wilhelma« ist internationale Spitzenklasse. Man kommt von weither angereist, man bewundert die Intelligenz der großen Robben und das Vertrauen der Tiere zu ihrem Meister, zu einem Menschen, der seine Tiere ständig in Bewegung hält, damit sie die Freiheit nicht allzu sehr vermissen, gesund bleiben und an Nachwuchs denken.

Silberstreif am Horizont

Der unermüdliche Einsatz der Niederlande und Niedersachsens für den Schutz des Europäischen Seehundes zeitigte erste nationale und internationale Erfolge. Die Erkenntnisse und Veröffentlichungen von Professor Kraft und Dr. van Haaften werden nicht in die Schubladen wandern!

Am 7. Dezember 1973 trafen in Hamburg — nicht zuletzt alarmiert durch die in Schleswig-Holstein trotz internationaler Proteste freigegebenen Seehund-Abschüsse — auf Veranlassung des »World-Wildlife-Funds« (Morges am Genfer See) die Nordsee-Experten von Holland bis Dänemark zu einer Diskussion über Schutzmaßnahmen zusammen. Das große Thema ist die Erhaltung von Fauna und Flora an der Nordseeküste und im Wattenmeer. Der »World-Wildlife-Fund« sicherte die ideelle und materielle Unterstützung der Seehunds-Forschungsvorhaben zu.

Dänemark und Schleswig-Holstein erklärten sich nun endlich bereit, in diesem Sinne aktiv mitzuarbeiten, die notwendigen Konsequenzen aus den gefundenen Antworten zu ziehen und in ihren Territorien Männer fachlicher Qualifikation namhaft zu machen, die mit der Untersuchung der gleichen Fragestellungen betraut werden sollen, an denen die Forscher in Niedersachsen und Holland bereits seit Jahren arbeiten.

Die Hamburger Runde geht an den Seehund! Helmut Kraft hofft, daß nun auch bald in Schleswig-Holstein und Dänemark die Seehundjagd zurückgestellt wird. Man wird die Hamburger Empfehlungen ein paar Monate lang durchdenken und sich dann wiedertreffen.

Dr. Gottfried Vauk, der Leiter der Vogelwarte Helgoland, lädt die Teilnehmer des Gespräches ein, im Mai 1974 auf »seiner« Insel konkrete Ergebnisse ihrer Überlegungen auf den Tisch zu legen. Es gibt keinen geeigneteren Ort, das zu tun.

Der rote Felsen zwischen den Seehundfronten, die Insel, in deren Reichweite schon seit Jahrzehnten kein Schuß mehr auf den Seehund abgegeben wurde, ist der rechte Platz, der unsinnigen Jagd auf den Seehund endlich den Garaus zu machen und für ihn den totalen Schutz zu proklamieren.

Literatur

Behnke, Hans:	Seehundhege, in: Wild und Hund, 7/69
Ehlers, Kurt:	Freund der Seehunde und anderer Robben, Bremerhaven 1973
Eisbein, Christian:	Sterbende Seehunde zeigen, wie es uns selber ergehen wird, in: Das Tier, 4/72
Fischer, Georg:	Die Robby-Story, in: Travemünder Kuranzeiger, 8/72
Hagenbeck, Carl:	Von Tieren und Menschen, München 1927
Harcken, Walther:	Der Seehund, Hamburg/Berlin 1961
Harcken, Walther:	Nicht mit Seehundkindern spielen, in: Das Tier, 5/68
Kraft, Helmut:	Gerinnungsphysiologische Untersuchungen beim europäischen Seehund, in: Die Kleintierpraxis, 4/73
Kraft, Helmut:	Wird der europäische Seehund ein Opfer seiner Umwelt? in: Die Pirsch, 4/73
Mohr, Erna:	Monographie der Wildsäugetiere, Bd. XII: Die Robben der europäischen Gewässer, Frankfurt 1952
Reineck, Mariane:	Seehundaufzucht – ein gelöstes Problem, in: Natur und Volk, Hohenhameln 1961
Reineck, Mariane u. Friedr.-Carl Tammen:	Operationen im Nabelgebiet bei Seehundsäuglingen, Verhandlungsbericht des X. Internationalen Symposiums über Erkrankungen der Zootiere, Salzburg 1968
Vauk, Gottfried:	Beobachtungen am Seehund auf Helgoland, in: Aus der Inselstation Helgoland des Inst. f. Vogelforschung Helgoland, August 1973 (Manuskript)
Wilhelm, Diakonus:	Unterhaltungen aus der Naturgeschichte, Bd. 10, Augsburg 1794/1834